CREATIVE
DRAMA
IN GROUPWORK

울력연극치료총서04

크리에이티브 드라마

수 제닝스 지음 | 이귀연 외 옮김

SUE JENNINGS

울력

Creative Drama in Groupwork by Sue Jennings
ⓒ Sue Jennings, 1986
All rights reserved.

Korean translation edition ⓒ 2007 by Ulyuck Publishing House
This translation of *Creative Drama in Groupwork*, first published in 1986,
is published by arrangement with Speechmark Publishing Lts., UK
via Bestun Korea Agency, Korea
All right reserved.

총서 기획 | 이효원

크리에이티브 드리마(울력연극치료총서 04)

지은이 | 수 제닝스
옮긴이 | 이귀연, 모미나, 서민정, 심숙경, 이지은, 이효원
펴낸이 | 강동호
펴낸곳 | 도서출판 울력
1판 1쇄 | 2007년 8월 16일
1판 2쇄 | 2018년 1월 25일
등록번호 | 제10-1949호(2000. 4. 10)
주소 | 08267 서울시 구로구 고척로12길 57-10. 301호(오류동)
전화 | (02) 2614-4054
FAX | (02) 2614-4055
E-mail | ulyuck@hanafos.com
값 | 13,000원
ISBN | 978-89-89485-53-7 93680

· 잘못된 책은 바꾸어 드립니다.
· 옮긴이와 협의하여 인지는 생략합니다

CREATIVE DRAMA IN GROUPWORK

일러두기

1. 이 책은 *Creative Drama in Groupwork* (Sue Jennings, Speechmark, 1986)을 텍스트로 하여 번역하였다.

2. 이 책은 원서의 체제를 따랐으며, 원서에서 이탤릭체로 처리된 부분은 중고딕체로 나타내었다.

3. 2부 활동의 이름은 옮긴이들이 우리 실정에 맞게 고친 것들이 많다. 따라서 원서와 차이가 날 수도 있다.

4. 본문 중에 *로 표시하여 작은 글씨로 서술된 내용은 옮긴이들이 첨가한 내용이다.

들어가기에 앞서

모두를 위한 드라마

이 책은 주요 독자는 병원 같은 임상 환경에서 일하는 사람들이지만, 점차 공공 치료 기관보다 사회단체에서 일하는 사람들도 많이 찾고 있다. 물론 교육 현장에 있는 사람들도 있다. 이들의 환경은 하나같이 빠르게, 때로는 급격하게 변화를 겪고 있다. 그러나 인원과 장비는 턱없이 부족한 실정이어서, 전문가는 이런 제한적인 환경 속에서 자신의 능력을 최대한 발휘할 수 있어야 한다.

이 책은 이런 변화를 받아들이되, 무한한 자원이 있다고 낙관하지 않는다. 긍정적인 태도로 가능성을 만들어 갈 뿐이다.

드라마는, 우리가 그 안에 잠재된 힘을 체험하고자 원한다면, 우리의 기대를 저버리지 않는다. 예를 들어, 드라마는 토론, 경영 또는 관리를 하는 데 있어 없어서는 안 될 명확함과 확신을 갖게 한다. 이 책은 내담자는 물론 우리 자신과 동료들에게 드라마의 가능성을 알려줌으로써 주는 자와 받는 자, "우리"와 "그들" 사이의 역사적 간극을 좁히고자 한다.

그러나 이 책이 경험을 대신할 수는 없으며, 크리에이티브 드라마creative drama 같은 역동적인 매체는 더욱 그렇다. 따라서 독자들이 용기를 가지고 도전과 훈련, 조언을 구할 수 있도록, 그리고 "사려 깊은 행동reflective action"을 통해 깨우쳐 나갈 수 있도록 격려한다. 그렇다고 이 책을 작업에 유용한 매뉴얼 정도로 받아들여서는 안 된다.

책을 보는 법

2부의 활동을 이용하기에 앞서, 반드시 1부 전체를 읽도록 한다. 1부에서는 작업의 기본 지침과 그간 거론되지 않았던 문제들, 그리고 필자가 쌓아온 상당량의 관련 지식 중 일부가 다루어질 것이며, 여러분의 내면 깊은 곳에 자리한 창조성이 자극받게 될 것이다. 앞으로 전개될 내용은 새로운 생각과 기술을 발견할 수 있도록 다양한 시도와 모험의 장으로 여러분을 안내한다.

2부의 항목별 활동은 다양한 집단 세션의 든든한 버팀목이 되어 줄 것이 틀림없다. 그러나 진행자는 이를 논의하고 계획하는 가운데 자신만의 고유한 활동과 게임으로 만들어 가야 한다. 무엇보다도, 세션에 들어가기에 앞서 내리는 신중한 예상과 세션이 진행되는 동안, 그리고 끝난 이후의 숙고를 통해 많은 것을 얻게 될 것이다. 2부 활동의 활용법에 대해서는 59-60쪽을 참조하길 바란다.

격려의 글

이 책은 실무자와 내담자 모두에게 숨은 창조성이 있다는 믿음 아래 쓰여질 수 있었다. 누구는 창조성을 다시 찾아야만 하고, 누구는 지쳐 탈진해 있을 것이다. 이 외에도 대규모 중증 정신 장애나 신체장애 집단과 씨름하며 계속해서 자기 자신을 소진시키는 사람도 있을 것이다.

이 책이 여러분의 환경을 변화시킬 수는 없다. 그러나 그 전투를 계속해 나갈 수 있도록 새로운 에너지와 감각을 줄 것이다.

창조성에는 전염성이 있음을 기억하자. 당신이 창조성과 자발성, 그리고 무엇보다 희망을 가지고 있다면, 여러분과 함께하는 내담자들 역시 그것을 체험할 것이다. 크리에이티브 드라마는 모험이며, 모든 모험이 그러하듯이 위험을 안고 있다. 그럼에도 불구하고 우리는 모험을 통해 즐거움과 풍요로움, 때론 신비로움까지 맛볼 수 있다! 자. 괴물을 물리치고 보물을 찾아오자!

수 제닝스

들어가며

독자 중 상당수는 다양한 집단을 운용하는 데 있어 이미 정통한 전문가들이거나, 자신의 분야에서 역할 연기 같은 관련 드라마 활동을 내담자에게 적용하는 사람들일 것이다. 물론 드라마를 지나치게 사용하거나, 시도하는 것조차 두려운 사람도 있을 것이다.

환경을 막론하고 집단 역동과 같은 집단 작업은 많은 유사성을 가지고 있기 때문에, 여기서 일반론을 다룰 생각은 없다. 그러나 크리에이티브 드라마 집단은 여타 치료 집단이나 사회 기술 습득 집단과는 분명 기대하는 바가 다르다. 따라서 이 작업이 갖는 독특한 특성과 영역, 그리고 기초 철학에 대해 설명하고자 한다. 드라마는 치유와 교육, 정신적 계몽과 의식을 목적으로 수세기 동안 서구(초기 그리스 연극)와 아시아, 아프리카 전역에서 널리 사용되어 왔으며, 오늘날까지 의식의 중요한 역할을 담당하고 있다.

1960년대 초, 마임, 움직임, 즉흥이 정신 장애와 정신 질환자에게 효과가 있다는 사실이 알려지면서, 드라마를 활용한 치료가 점차 그 모습을 갖추어 가기 시작했다. 이와 같은 접근법은 간호사, 치료사, 심리학자, 정신 의학자, 사회복지사를 중심으로 드라마의 잠재성에 대한 관심이 고조되면서 더욱 호의적으로 받아들여졌다. 최근 몇 년간은 교사들이 놀라운 성과(예를 들어, 학습 부진아를 대상으로 한)를 내며 연구를 계속해 오고 있다. 현재, 관련 분야는 교정 연극Remedial Drama과 연극치료Dramatherapy로 나뉘어, 새로운 개념과 연구가 한창이다. 이 책의 이론과 개념 역시, 수년에 걸친 양 분야의 실무 경험에 힘입어 완성되었다. 관련 활동이 아직 낯선 독자는 1부 마지막에 실린 도서를 참고하길 바란다. 또한 해마다 늘어나는 연극치료사들이 이 책에서 가치를 찾길 희망한다. 비록 특정 전문가를 대상으로 쓰이진 않았지만, 집단에게 크리에이티브 드라마를 적용하려는 실무자들에게는 유용한 실습서가 될 것이다. 훈련된 연극치료사가 여러 전문가들과 함께 통합 치료를 할 수 있는 이상적인 환경을 만나기란 쉽지 않다. 더욱이 드라마를 집단에게 적용하는 일은 단일 직업 이상의 능력을 요구받는다. 많은 사람들이 "실행"(즉, 행동)이 변화를 일으키는 주요 수단임을 인정한다. 그러나 안타깝게도 우리는 사람들을 행위자와 사상가로 구분하려는 경향이 있다. 이 책은 행동과 생각, 혹은 "사려 깊은 행동reflective action"에 관한 것이다. 다양한 분야의 전문적 경계를 아우르고, 사람과 작업하는 모든 이들의 공통 관심사를 담으려고 노력하였다.

왜 드라마인가?

과거, 드라마를 집단에 사용하는 것은 매우 "위험스러운" 일로서 어떤 경우에도 허용되지 않았거나, 특별한 약속이 없는 금요일 저녁을 때우는 용도로 사용되었다. 후자의 다양한 경우는 "드라마는 유익하다"는 기본 입장에서 출발한 것으로, 보통 일상의 완화제로 기능한다. 그러나 여기에는 드라마가 유익하다는 개념은 있지만 왜라는 반문은 없다. 이제 실제를 다듬고 선택적으로 적용하기 위해서 이 같은 질문에 답할 시간을 갖기로 하겠다.

크리에이티브 드라마는 심신 장애, 부적응, 그 외 다양한 사회적 또는 임상적 문제가 있는 아동이나 성인 등 많은 내담자에게 효과가 있다. 또한 말더듬과 같은 장애가 있는 사람에게는 처치 프로그램에서 관련 활동과 역할 연기를 병행하여 실시하면 좋다. 집단의 세부적인 특성과 관련 활동은 내담자의 연령과 유형, 그리고 전체 프로그램과 목표에 따라 달라진다.

공감과 안전성

집단의 상황이나 구성과 상관없이, 다음의 두 요소는 어느 상황에나 적용된다. 첫째, 자신감 고취와 기술 향상이 목적인 훈련일지라도, 진행자의 공감하는 태도와 능력이 가장 중요하다. 둘째, 운영이 잘되는 집단은 그 본연의 힘에 의해 큰 치료적 잠재력을 가지며, 이 안에서 참여자는 연대, 안전, 지지의 감각을 발견하게 된다. 여기서 이들은 탐험을 시작하며, 자아의 이해와 자신감 고취, 그리고 변화를 일구어 낸다. 크리에이티브 드라마는 미지의 세계를 알게 하는 동시에 이미 알고 있던 세계를 더욱 강화시키는 역할을 한다.

CREATIVE DRAMA
In
GROUPWORK

제1부

집단 작업에서
크리에이티브 드라마와 그 가능성

집단 드라마의 구조와 역할 탐험

구조

사회 심리학자는 인간을 극적 구조 안에서 삶을 영위하는 존재로 본다. 우리는 일련의 상황과 사건, 혹은 파티나 공식적인 자리 같은 몇몇 예상 가능한 구조 안에서 자신과 타인을 파악할 수 있다. 이런 상황에는 의식적인 "각본"이 있고, 대개 "역할들"이 정해져 있다. 각 장면마다 "주연"과 "조연"이 있으며, 끝을 아는 결말이 있다.

물론, 예측이 불가능해 보이는 상황도 있다. 우연한 만남, 형식 없는 자리, 날마다 일어나는 가족 간의 관계가 그렇다. 그러나 연구를 통해 여기에도 받아들이기 힘든 "숨은 의도sub-text"나 고정된 "역할들," 그리고 겉보기에 그럴듯해 보이는 필연적 결과 등 예측 가능한 요소들이 담겨 있음을 알 수 있다.

크리에이티브 드라마 안에서, 참여자는 형식적이거나 다소 자유로운 상호 작용 구조를 탐험할 수 있다.

역할들

인간은 끊임없이 역할 연기를 하며 살아간다는 말이 때로는 거북하게 들릴 때가 있다. "연기"라는 말 속에는 **진짜가 아니라는** 의미가 있기 때문일까? 아니면 역할 속에 존재한다는 것은 어쨌든 자기 자신은 아니라는 의미 때문일까?

사실상, 우리 모두는 다양한 역할을 취하고 있다. 매우 이른 시기인 생후 약 10개월부터 역할 연기 능력을 계발한다는 사실에 주목하길 바란다. "몸을 움직이기" 전부터 "인물을 움직인다"는 사실은 대단히 중요하다. 역할 연기는 아동기에는 놀이를 통해, 청소년기에는 체험을 통해 발전되며, 가족과 외부 환경에 의해 구체화된다. 성인기에 이르면, 역할 레퍼토리와 함께 다양한 역할을 갖게 되며, 이를 통해 외부와 내면 세계가 연결된다.

크리에이티브 드라마 집단 내에는 내면과 외부 세계를 연결하는 데 어려움을 겪는 사람이 있을 수 있다. 또는 어린 시절 형성된 역할에 고착되었거나, 미숙하고 모순된 "본보기" 때문에 부적절한 역할을 드러내는 사람도 있을 수 있다. 드라마는 이런 사람들을 일상과 화해시키고, 내면의 삶을 체험토록 도울 뿐 아니라, 자신을 초월해서 일상의 어려움과 한계를 넘어 앞으로 나아가도록 한다.

다양한 극적 구조와 역할 연기를 통해, 진행자는 참여자가 아래의 항목 중 일부를 성취해 나갈 수 있도록 한다.

- 경험의 폭을 확장하고, 예술적이고 심미적인 감각을 자극한다.
- 이롭지 않은 행동으로 몰고 가는 예상 가능한 구조들을 밝히고, 몇 가지 독창적 대안을 찾는다.
- 적합한 역할들이 의식적이지 않고 자연스러워질 때까지 연습

과 수정을 통해 **재구축한다.**

- 역할 레퍼토리, 즉 다양한 상황에 어울리는 역할들을 만들도록 **독려한다.**
- 이색적이고도 예기치 못한 방식으로 장면 체험을 할 수 있도록 새로운 시도들을 **창안한다.**
- 내면의 반응을 외부의 행동으로 연결하고, 또한 그 반대 방향으로도 연결하는 방식을 **찾는다.**

이는 올바른 지원과 기회만 주어진다면, 누구나 인생, 사랑, 미래를 바꿀 수 있다는 기본 전제에서 출발한다. 인식의 차이는 있을 수 있으나, 변화의 가능성은 모두에게 있고, 드라마를 통해 이를 탐험할 수 있다.

초점 맞추기

집단으로 드라마 작업에 참여한 사람들은 그 안에서 자연스럽게 독창적인 성과를 만들어 내고 표현을 자극받는 동시에, 새로운 통찰을 얻는 것은 물론 과제 수행까지 할 수 있기를 바란다. 그러나 이미 「연극치료 내에서의 몇 가지 실전 모델Models of practice in Dramatherapy」(*Journal of Dramatherapy*, Vol. 7, No. 1)에서 설명한 바 있듯이, 집단 내에 특정 초점이 드러나며, 이는 보통 집단의 유형과 요구에 의해 결정된다. 초점은 크게 셋으로 나눌 수 있다. 관련 설명은 아래에서 계속되며, 기본적인 참고 사항은 후반부에서 다루었다. 2부의 활동 역시 이 범주에 따라 분류하였다. 많은 활동은 진행 방식에 따라 다양한 목적을 성취할 수 있기 때문에, 아래에 제시된 집단 유형에 맞게 변형시켜 나가야 할 것이다.

창조성과 표현에 초점

이 집단은 참여자의 창조성 계발과 미적 체험을 중시한다. 관련 활동으로는 움직임, 마임, 즉흥극, 꼭두, 가면, 텍스트, 이야기 작업이 있다. 또한 성탄극이나 여름 이동 무대 같은 공연으로 이끌 수도 있다. 경쟁적인 분위기로 흐르는 것은 피해야 하지만, 창조적인 체험을 위해서 때로는 보다 많은 관객과 공유하는 것이 좋을 수 있다.

집단은 창조적이고 미적인 즐거움 이외에도, 자극과 격려, 고양된 자아를 경험할 수 있다. 또한 상상력과 잠재력의 계발을 통해 자신감을 얻는다. 더구나 즉흥극과 공연을 만들기 위해서는 참여자가 함께 작업해야 하기 때문에 사회적 기술의 중요한 요소인 협동심과 대화 기술이 향상된다. 이때, 촉진자로서 진행자의 역할이 매우 중요하다. 집단의 창조적 에너지가 잘 흐르도록 하되, 활동을 발전시킬 진행자만의 소신과 생각을 밀고 가야 하기 때문에, 이 안에서 균형을 잃지 않는 것이 무엇보다 중요하다.

크리에이티브 드라마는 장기 병동의 만성 환자, 정신 장애, 그리고 특이 신체 장애우 등 다양한 내담자와 함께할 수 있다.

과제 해결과 기술, 그리고 학습에 초점

이 집단의 특징은 역할 연기 같은 다양한 드라마 활동을 통해 일상의 행동과 기술을 익히거나 다듬고, 수정할 수 있다는 데 있다. 몇 가지 기술은 크리에이티브 드라마가 진행되는 동안 부수적으로 개발되기도 하지만, 이외의 프로그램은 집단의 특성에 맞게 특수하게 고안되어야 한다. 간단한 의사소통, 비언어적 표현, 대화를 시작하는 방법, 문제 해결 같은 고난도의 기술을 여기서 습득할 수 있다. 참여자는 의사 결정과 협상을 경험하며, 협력 기술과 자율성을 계발하기 시작한다. 관련 작업은 매우 특별한 목적을 지니기 때문에, 교도소 내 사회 복귀 집단, 정신 병동, 아동 보호소 등에서 주로 쓰인다.

일반적으로 "기술"에 초점을 맞춘 집단은 훈련이나 교육 프로그램의 성격이 강하므로, "모델"로서 진행자의 역할이 어느 때보다 중요하다.

통찰과 자아 인식, 그리고 변화에 초점

여기서 초점은 완전히 다르다. "통찰 유형" 집단은 세심한 검토 후에 적합 판정이 내려진 내담자와 가족 치료나 부부 치료, 혹은 이미 앞에서 언급한 집단 내담자들을 위해 구성된다.

집단의 상황 내에서 무의식의 과정은 과거, 현재, 미래의 장면을 실연하거나 꿈이나 환상의 주제를 재창조하는 가운데 독창적으로 나타난다. 이런 작업에 맞게 짜여진 드라마 활동은 참여자가 안정된 상태에서 각자의 감정과 관계를 탐험할 수 있도록 기회를 제공한다.

여기서는 "크리에이티브" 드라마 집단에서 쓰일 수 있는 모든 역할 연기와 매체 기술을 사용할 수 있다. 그러나 "통찰" 집단은 자아 발견과 변화를 목적으로 하며, 이를 위해 "삶"과 가족, 외부 세계를 재현한다는 사실을 이해해야 한다. 각 참여자는 자신의 경험을 돌아보도록 격려 받고, 집단 또한 변화 가능성을 탐험하는 장이 된다. 상징을 통해 얻는 새로운 통찰과 자신감으로 일부 정신적, 육체적 장애가 해결될 것이다.

진행자는 "폐쇄" 집단으로 운영하길 원하며, 이는 참여자의 장기간에 걸친 지속적 참여만이 효과가 있음을 의미한다. 진행자의 경험과 집단 특성에 따라 "체험을 해석하는 과정"이 강조될 수도 있고

그렇지 않을 수도 있다. 종종 언어적인 분석이나 해석 없이도, 내담
자는 그동안 인식하지 못했던 문제점들을 깨닫게 되는 소중한 체험
을 하게 된다.

집단을 구성하기에 앞서

근거 있는 목표 설정

집단 활동 구성 및 세부 계획을 세우기에 앞서, 진행자는 집단의 가능성의 근거와 행정적 상황을 주의 깊게 살펴보아야 한다. 아래의 질문은 독자들이 빠지기 쉬운 함정을 경고하고, 진행자가 주요 목표를 명확히 세울 수 있도록 돕는다.

왜Why	
왜 집단으로 시작하는가?	집단 작업을 원하는가? 스태프의 도움을 받을 수 있는가? 집단 작업에 알맞는 내담자들인가?
왜 다른 창조적 과정이나 기술이 아닌 드라마로 진행하려는가?	특별한 목적 혹은 일반적 목적이 있는가? 체험을 중시하는가? 사전 조사는? 치료에 있어 드라마가 주요 수단인가? 보조 수단인가?

무엇을What	
집단의 형태는?	계속해서 지원자를 받을 것인가? 시작부터 집단을 닫을 것인가?
무엇을 강조할 것인가?	창조성에 초점을 맞출 것인가? 과제 해결? 아니면 통찰?(20-3쪽 참조)
인원은?	인원을 고정할 것인가? 최소 혹은 최대 인원을 정해 놓을 것인가? (10명이 적당하다. 중증 장애 집단은 보다 작 　은 규모가 효과적이다)
스태프의 비율은?	1인 진행인가? 공동 진행? 보조 진행자/학생과 함께할 것인가?
보조 진행자나 학생의 역할은?	내담자와 같은 입장에서 이들과 교류할 것인가? 전적으로 진행자를 돕는 입장인가?
기간은?	10주? 20주? 1년? (가능한, 기간을 정하지 않고 　진행하는 방식은 피한다)
세션의 시간과 빈도는?	평일에 두 번, 1시간씩? 또는 한 번, 1시간 반씩? (계획과 준비 참조)
개인이나 집단 활동을 기록하는 방식은?	형식이 있는가? 없는가? 비디오를 사용할 것인가? 필기할 것인가? **자신의 감정과 진행 과정을 기록하고 검토 　해야 한다는 것을 명심하라.**

어떻게 How	
어떻게 인원을 모을 것인가?	개별 지원 방식으로?
어떻게 사람들에게 알릴 것인가?	광고나 강연으로? 대행 기관에 의뢰해서? 공고를 통해?
어떻게 사람들을 선택할 것인가?	의뢰자는 모두 받을 것인가? 인터뷰를 통해? 진단서나 다른 선택 기준들을 통해?
어떻게 목표와 목적을 세울 것인가?	진행자가 정할 것인가? 합의 과정을 거쳐서? (43쪽 참조)
어떻게 전체 프로그램과 연관 지을 것인가?	독자적으로 운영할 것인가? 전체 프로그램의 하나로서? 다른 작업보다 우위에 둘 것인가?
어떻게 병가나 휴가의 공백을 메울 것인가?	자연스럽게 쉴 것인가? 다른 진행자로 대체할 것인가? 공동 진행자가 이끌 것인가?

어디에서 Where	
모임은 어디에서 가질 것인가?	진행자가 공간을 책임질 것인가? 반드시 합의된 공간이어야 하는가? 그곳은 적합한 공간인가?
응급 시설은 어디에 있는가?	구급약은 어디에 있는가? 보조키는? 비상구나 탈출구는?
진행자는 어디에서 도움을 받을 수 있는가?	동료가 있는가? 도와줄 사람이 있는가?

누가|Who	
누가 관리 감독하는가?	외부에서 오는가?
	기관에서 제공하는가?
	단독으로? 혹은 집단으로?
누가 집단을 조직하고, 운영하는 책임을 맡는가?	기관?
	팀?
	진행자?
누가 전체적인 처치 프로그램을 통합하고 조정하는가?	기관?
	팀?
	진행자?

목적 명료화하기

진행자는 집단의 유형과 초점을 살피고 행정과 여러 세부 사항들을 처리하는 한편, 집단의 전체 목적을 명확히 해야 한다. 우리는 경험을 통해서, 기관과 참여자의 목적이 진행자의 목적과 어울리지 않을 때 갈등이 일어난다는 사실을 잘 알고 있다. 아래 항목은 집단을 구성하기에 앞서, 문제를 일으킬 수 있는 요인을 찾는 데 유용하다. 읽는 이에 따라서는 항목이나 제목을 바꾸길 원할 수도 있다.

목적 명료화하기	
A. 집단에 대한 진행자의 목적	B. 집단에 대한 기관의 목적
C. 집단의 자체 목적	D. 진행자 개인의 목적

A.		B.	
1. 변화를 꾀할 수 있는 구조 마련		1. 의미 있는 활동으로 집단을 운영	
2. 신뢰와 협동심 강화		2. 충돌을 피하고, 차분한 분위기 유지	
3. 의사소통 방식 개발		3. 현상 유지	
C.		**D.**	
1. 지루함을 줄이기		1. 보다 전문적인 작업으로 심화	
2. 상태 호전		2. 목적 달성에 만족	
3. 적당한 수면		3. 자아 계발	

위의 항목을 실전에서는 어떻게 활용할 수 있는지 간략하게 살펴보기로 하자.

전체적으로 A와 C의 목적은 조화를 이루고 있으나, A와 B의 목적은 갈등을 일으킬 수 있다(예를 들어, A1과 B3의 목적은 상반된다). 또한 진행자는 D3의 성취 방법과 숨은 난관들에 대한 대처 방안들을 생각해 볼 수 있다.

　첫 세션 때, 참여자들과의 논의를 통해 목적을 보다 구체적으로 다듬어가는 것이 바람직하다.

관리 감독과 훈련

관리 감독과 지원

앞서 언급한 바 있듯이, 크리에이티브 드라마를 효과적으로 운용하기 위해서는 정기적인 관리 감독supervison이 필요하다. 작업의 특성상, 진행자는 지나친 개입, 과도한 에너지 사용, 그리고 내담자와의 동일시로 인해 역효과를 초래할 수 있다. 감독관은 지지와 피드백을 통해, 전체 과정이 앞으로 나갈 수 있도록 할 뿐 아니라, 진행자가 구체적인 논의와 향후 설계를 할 수 있도록, 그리고 연민을 넘어 올바로 작업할 수 있도록 돕는다.

관리 감독은 숙련된 치료사나 동료 중 선험자가 맡는 것이 좋다. 만약 그런 사람이 없다면 반드시 찾아야 한다.

지원 조직망support network은 전문적이면서도 사회적인 성격을 띠는 동시에, 매우 중요한 역할을 담당하고 있다. 진행자는 반드시 정기적으로 작업에서 "손을 떼야switching off" 한다. 여가 시간에 갖는 다양한 창조적 활동은 집단 활동과 작업을 보다 균형 있게 조망할 수 있도록 돕는다.

훈련

만약 집단과 크리에이티브 드라마를 작업하기를 원한다면, 아래의
전문 훈련 기관을 추천한다. 훈련 기관이 특정 지역에 한정되어 있
는 것은 사실이지만, 점차 그 수가 늘고 있다. 이미 연극치료 과정
을 이수한 사람들도 심화 과정을 통해 자신의 분야를 넓혀 나가길
바란다. 다양한 과정이 아래 기관에서 운영되고 있다.

- Dramatherapy Consultants, 6 Nelson Avenue, St Albans, Herts
  AL1 5RY (출판, 단기 코스, on-going그룹, 감독)
- Herts College of Art and Design, 7 Hatfield Road, St Albans,
  Herts (대학원 과정, 여름 학기, 단기 코스)
- College of Ripon and York St John, Lord Mayor's Walk, York
  (대학원 과정, 여름 학기, 단기 코스)
- London Drama and Tape Centre, 11 Princeton Street, London
  WC1 (드라마 워크숍, 도서와 테이프 서비스, 출판)
- British Association for Dramatherapists, PO Box 98,
  Kirbymoorside, York YO6 6EX (협회, 출판)
- South Devon Technical College, Torquay (파트타임 과정)

* Central school of speech and drama, Embassy Theatre, Eton Avenue,
  London, NW3 3HY (대학원 과정, 다양한 워크숍)

* 위의 교육 기관은 영국에 한정된 것이다. 이외에도 그리스와 미국, 그리
  고 캐나다 등지에서 다양한 훈련 프로그램이 진행되고 있으며, 전 세계
  로 확산되고 있다.

몇 가지 주의 사항

모든 치료사는 크리에이티브 드라마 집단을 운영함에 있어, 특정 기술에서 뜻하지 않은 반응이 나타날 수 있음을 명심해야 한다. 연극치료도 예외가 아니어서, 상황에 따라 이롭지 않은 결과를 가져올 수 있다.

　　발생하는 모든 사고를 여기서 논한다는 것은 사실상 불가능하기 때문에, 가장 중요한 기본 지침만을 다루기로 한다. 진행자는 정기적인 관리 감독을 받고, 참여자의 활동이나 행동이 조금이라도 의심스러울 때에는 반드시 조언을 구해야 한다는 사실을 기억하자.

기본 지침

- 드라마를 단지 전문 기술의 집합 정도로 생각해서는 안 된다. 내면 깊이 자리한 체험들을 건드릴 수 있는 **창조적 과정**임을 명심하라.
- 철저한 탐구 없이 새로운 개념이나 활동을 집단에게 절대 선

보이지 말라. 언제나 자신이나 동료에게 먼저 사용해 본다.

- "더듬이"를 발달시켜, 집단 내 변화의 욕구와 분위기에 민감하게 반응하라. 참여자는 종종 말로 표현할 수는 없지만, 자신이 "어디로 가기를 원하고" 무엇을 준비해야 하는지 잘 알고 있다.

- 진행자는 관리자가 아닌 촉진자로서 행동하라. "우리는 이것을 해야 한다," "나는 사람들을 이렇게 하게 만들겠다," "우리가 해야 하는…" 같은 말을 피하고, 그런 상황을 경계하라.

특별한 주의를 요하는 상황

- 중증 정신 장애, 부적응 혹은 활동 과잉 집단에게는 매우 자극적인 재료는 적합하지 않다.

- 역할 연기를 처음 소개할 때, 정체성이 불안정한 사람에게는 "다른 사람이 된다"는 상황이 매우 혼란스러울 수 있음을 명심하라.

- "활동에 몰입하는" 것이 반드시 효과적인 참여를 의미하지는 않는다.

- 카타르시스의 체험이 언제나 "좋은" 세션을 암시하는 것은 아니다. 또한 카타르시스가 반드시 고도의 감정 표현을 의미하는 것도 아니다.

- 대상에 따라서는 스펙토그램(50쪽 참고) 같은 직접적인 방식이 해로울 수 있다. 왜냐하면 희망적인 미래보다 불만스러운 현재가 강조되어 보일 수 있기 때문이다.

주의. 이 책에서는 내면으로 깊이 들어가는 이완 활동이나 환상으로 이끄는 반–최면semi-hypnotic 활동은 제외하였다. 이와 같은 기법은 통제된 환경에서 고도의 훈련을 받은 전문가에 의해 운영되어야 하기 때문이다.

계획과 준비

자칫 크리에이티브 드라마를 형식이나 구조가 없는 것으로 받아들여서, 사전 설계나 체계 없이 세션을 진행하려 들 수 있다. 그러나 성공적인 세션은 모두 처음, 중간, 끝의 구조를 지니고 있으며, 사전에 계획한 시간에 따른다. 이 안에서 진행자는 확신을 가지고 "꾸준하게" 활동을 이끌어 간다.

크리에이티브 드라마를 계획할 때, 진행자는 우선 적합한 환경을 찾는 일에 힘써야 한다. 호화로울 필요는 없다. 사실 카펫이 깔린 곳은 문제가 많다. 조명을 갖춘 쾌적하고 넉넉한 공간이 좋다. 바닥재는 목재나 코르크 타일이 이상적이며, 안락의자나 단壇이 편안함과 실용성 면에서 딱딱한 의자나 방석보다 효과적이다. 충분한 조명 역시 유용하게 쓰인다.

세션 준비는 신중한 사전 점검을 필요로 한다. 세션을 끊김없이 발전시켜 나가고, 세션과 세션을 잇는 개념을 놓치지 않으려면 반드시 전체적인 뼈대를 세워야 한다.

구조가 갖는 가장 큰 이점은 융통성에 있다. 각 집단은 참여자나 진행자와 같이 살아 성장하는 유기체와 같아서 이들에게 반응

한다. 진행자는 그/그녀만의 자발성과 창조성을 통해 집단의 요구
와 분위기에 반응하는 능력을 계발한다. 경험이 부족한 진행자가
초반에 각 세션을 구체적으로 계획하기란 쉽지 않다. 그러나 일정
기간 실전을 쌓으면, 진행자의 직관과 판단에 신뢰가 더해지면서
구조는 엄청난 융통성을 발휘하게 된다.

아래 도표가 세션을 계획하는 데 도움이 될 것이다. 10명 내외
로 구성된 집단의 이상적인 세션 시간은 1시간 30분이다. 웜업에
해당되는 "시작*opening*"과 주요 작업이 이루어지는 "발전*devel-
opment*," 그리고 편안하고 안정된 "마무리*closure*" 과정이 적절한
시간 안배 속에서 진행되어야 한다.

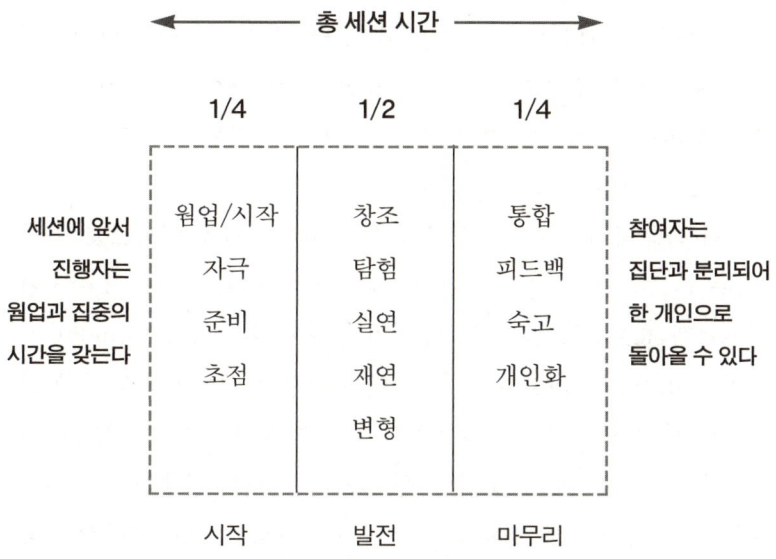

진행자는 세션이 시작되기 전에 개인 웜업과 "집중," 다시 말해 행
동을 위한 정서적, 정신적 준비 시간을 반드시 가져야 한다.

진행자의 활력과 의욕이 방금 도착한 내담자들에게도 전달되

어야 한다. 참여자 중에는 긴장과 불안, 심지어 반감을 가진 사람이 있을 수 있기 때문에 따뜻하고 확신 있는 분위기로 이들을 맞이한다. 2부에 기술된 웜업 관련 활동에 들어가기에 앞서 시간을 허비해서는 안 된다. 전체 세션의 1/4을 넘지 않아야 하는 시작 단계는 발전 단계를 위한 자극과 준비로 채워지며, 미지의 영역으로 작업이 집중되어 간다.

발전 단계는 전체 세션의 반을 넘어서는 안 된다. 이 중 3/4은 이야기, 가면, 장면을 만들거나 감정, 주제, 화제를 탐험할 수도 있고(주로 즉흥으로 진행된다), 실험이나 특별한 의도가 담긴 역할 연기(실연*enactment*)나 허구, 실화, 혹은 신화, 환상을 극화하는 활동으로 채울 수 있다.

진행자는 위의 모든 과정이 아닌, 몇 가지 과정만을 발전시켜 나갈 수 있도록 알맞은 게임이나 활동을 선택해야 한다. 집단이나 세션에 따라, 참여자의 감정을 살피고 변화시키는 데 시간을 할애할 수도 있다(변형*transformation*).

세션의 나머지 1/4은 참여자가 세션에서 점차 일상으로 돌아올 수 있도록 보다 편안한 활동으로 이루어진다. 초점을 맞추었던 감정들과 요소들을 반드시 지금 "자기화"한다(통합*integration*). 진행자는 참여자가 새로운 통찰을 받아들이고, 자신에게 일어난 일을 상대방의 피드백에만 의존하지 않고 점검해 나갈 수 있도록 격려한다(숙고*reflection*). 통합과 숙고가 비단 세션 안에서만 이루어지는 것은 아니지만, 이를 소홀히 넘기지 않도록 별도의 시간과 공간을 마련한다.

거리 조절과 이완 기법은 참여자가 집단과 혼동하지 않고, 집단과 연관된 한 개인으로 분리되어 돌아갈 수 있도록 돕는다(개인화*individuation*).

끝으로, 마무리가 진행되는 동안(정확한 시간에, 자연스럽지만 단호하게 진행되어야 한다) 각 참여자는 편안한 방식을 통해 자신으로 돌아오는 기분을 가져야 한다. 세션이 끝난 후, 진행자는 무슨 일이 있었고, 어떤 활동을 했는지, 그리고 참여자의 반응은 어땠는지를 기록해야 한다. 그리고 자신의 반응, 신체적 느낌을 살피고, 집단의 "과정"을 기록하는 방식을 익힌다.

세션 사례

다음 세션 사례는 요구에 맞는 활동 선택과 함께 어떻게 집단 세션을 "따져 봐야" 하는지를 알려준다. 또한 같은 기법일지라도 요구에 따라 어떻게 달리 적용되는지도 알 수 있다.

아래의 세 가지 사례는 단지 보기일 뿐, 공식처럼 받아들이지 않도록 주의한다.

• 사례 1
창조성과 표현력에 초점
시설 노인 집단
시간: 1시간
인원: 6-8명

목적과 목표
시설병을 막는다. 신체 자극을 준다. 주체성을 강조한다. 간단한 선택을 강화하고, 창조성을 자극한다.

시작 단계

신체: "스트레칭과 흔들기"(웜업 16번, 78쪽 참조), 음악을 사용하
면 좋다(예: 숲 속의 산책Walk in the Black Forest).

이름: "이름 배구"나 "좋아하는 것 말하기"(이름 게임 1, 2번. 63-4
쪽 참조). 관련 활동을 늘리고, 점차 난이도를 높인다.

발전 단계

활동은 집단이 드라마를 얼마만큼 친숙하게 느끼는가에 따라
달라진다. 세션 초반은 위의 활동만으로도 충분할 것이다. 마
무리는 "다시 보기"(8번, 210쪽) 같은 정적인 이완 활동으로 진
행한다. 기본 활동으로 단순하게 출발하여, 즉흥으로 발전시켜
간다. 예를 들어, "누구에게서 걸려온 전화일까? 특별한 소식이
있나?" 같은 활동이나, 세 모둠으로 나누어 난처한 순간에 전화
벨이 울린다면? 같은 상황을 상상해 본다.

마무리 단계

위안의 공간(5번, 207쪽)

• 사례 2

과제 해결에 초점

사회 복귀 재소자 집단

시간: 1시간 30분

인원: 10명

목적과 목표

다양한 상황에 대처할 수 있는 유연성을 기른다. "바깥" 삶으

로 돌아갈 준비를 한다. 끌려가기보다는 이끌어 가는 체험을
한다. 신뢰를 쌓고 대화에 필요한 기술을 계발한다.

시작 단계
신체 : "손바닥 찍기"(웜업 12번, 74쪽 참조)
신뢰 : "믿음의 원"(웜업 9번, 71쪽 참조)

발전 단계
특별한 목표가 있는 역할 연기 : "거절하기"나 "설득하기"(즉흥
과 역할 연기 24, 25번, 158-9쪽 참조)

마무리 단계
"형식을 갖추어"(마무리 12번, 214쪽). 활동이 진행되는 동안 느낀
점을 나누고, 경험 전의 감정과 비교할 수 있는지 살펴본다.

• 사례 3
통찰에 초점
정서 장애 아동 집단
시간: 1시간
인원: 4명

목적과 목표
입 밖으로 한 번도 표현한 적 없는 가족에 대한 분노를 다루면
서 새로운 인식을 낳는다. 불안이 고조될 수 있으므로, 작업 시
간을 한 시간으로 제한한다. 또한 진행자와 동료 간에 신뢰를
쌓는다.

시작 단계

이름: "이름 이야기"(웜업 4번, 66쪽 참조)

신뢰: "믿음의 원"(웜업 9번, 71쪽 참조)

발전 단계

역동의 시각화: "러시아 인형"(시각적 역동 12번, 182쪽 참조)

불안 정도가 높게 나타날 경우, 동물 조각으로 시작할 수 있다.

이후에도 "나의 가족" 같은 구체적 방식보다는 동물 이야기로

대신할 수 있다.

마무리 단계

역할 벗기. 다양한 "역할 벗기"를 사용할 수 있다. "동물"을 치

우기 전에 예전 동물로 돌아가는 시간을 갖는다. 놀이나 대화,

움직임을 활용한다(마무리 3번, 205쪽 참조).

준비물

구입할 것

크리에이티브 드라마에서는 정교한 소품이나 값비싼 물건이 거의 필요 없다. 그러나 테이프와 녹음기가 있으면 유용하다(적합한 어댑터와 사용 방법을 알고 있어야 한다). 테이프와 녹음기가 움직임과 이완 활동을 방해하지 않는지 신중하게 검토한 후에 사용한다. 그 밖에 전지全紙, 다양한 색깔의 펜, 신문지, 크고 단단한 박스가 있으면 유용하다. 또한 역할 연기를 위해 간단히 "차려입을" 수 있는 다양한 형태의 모자와 시폰 천, 스카프 등을 구비해 놓으면 좋다.

여러 형태의 장난감, 야생 동물과 가축 모형, 그리고 각양각색의 작은 물건들은 스펙토그램이나 픽토그램에 쓰이며, 단단한 종이와 공예품은 가면 작업에 필요하다.

준비물에 대한 보다 자세한 설명은 『연극치료*Remedial Drama*』(수 제닝스 지음/한명희 옮김, 학지사, 2002)의 2장을 참조하길 바란다.

만들 것

꼭두와 가면은 언제라도 만들 수 있어야 하지만, 무리하게 이끌어 가서는 안 된다. 예를 들어, 중증 장애우와는 실행하기조차 어려울 것이다.

2부에는 역할 연기 카드가 필요한 몇 가지 활동이 있으며, 문구점에서 구입한 도서 카드를 이용해 만들면 편리하다. 카드마다 진한 펜으로 크고 깔끔하게 한 문장씩 기입한다. 예를 들어, "당신이 차를 마시려고 의자에 앉는 순간 노크소리가 들린다…" 같은 자극적인 시작 문구를 적어 넣는다.

역할 연기가 서툰 참여자를 위해서 더 간단한 카드를 준비할 수도 있다. 이 경우 역할의 여러 측면을 알 수 있다. 예를 들어, 다양한 감정을 카드에 나누어 적는다. 참여자가 한 장씩 카드를 고르면, 다음과 같은 상상의 질문을 받게 된다. "이런 감정일 때는 어떻게 앉아 있을까요?" 혹은 "이런 감정일 때는 어떻게 바라볼까요?"(2부의 역할 연기, 3번, 137쪽을 참조).

쌍을 이루는 카드(짝 카드)는 기본 활동 이외에도 다양한 변형이 가능하다. 카드에 적힌 인물이 되어 자신의 짝을 게임이나 역할 연기를 통해 "찾는다"(예: 엄마/아빠/아기, 농부/소, 주인/하인). 성별은 참여자가 선택할 수 있도록 열어 두고, 가능한 유형화는 피하도록 한다. 짝 카드는 행복/슬픔처럼 감정을 비교하거나 대조할 때, 혹은 즉흥 속의 인물의 성격, 특징을 관찰할 때에도 좋다(예: "나는 앞장서는 것을 좋아해"/"나는 지시를 따르는 것이 좋아").

합의

사전에 개별 인터뷰를 갖고, 집단의 전체 목표를 공유했음에도 불구하고, 진행자는 공식적인 만남이 이루어지는 첫 세션에서 반 이상의 시간을 신뢰 형성과 정보 제공, 그리고 합의로 보내야 한다. 합의는 집단이 바라는 것에서부터 진행자가 이들에게 바라는 것 모두를 담아야 한다.

집단과 진행자 사이에 작업에 관한 긍정적 합의가 첫 세션에서 이루어져야 하며, 이는 구체적 목표와 방향이 논의와 동의를 거쳐 세워질 때 형성된다. 이런 합의 과정 없이 참여자의 협력을 기대할 수는 없다. 부정적인 감정이 진행자에게까지 전이되거나 "행동화"로 나타나기도 한다. 일반적으로 논의의 수준과 합의의 정도는 집단의 유형과 내담자의 특성에 따라 좌우된다. 언어에 문제가 있는 집단은 "행동화"로 합의하는 것이 좋다(예: 시간 엄수나 비밀 보장에 관한 역할 연기). 이런 경우, 시작 활동과 이후 세션이 자연스럽게 연결되도록 한다.

실행 가능한 세부 사안들의 동의가 필요하며, 진행자는 집단에게 발생할 수 있는 정신 병리 현상을 목록화하여 준비해 놓으면 좋다. 다음은 논의할 사안들을 정리해 놓은 것이다. 참고하기를 바란다.

논의 사항

1. 집단의 목적과 의도는 무엇인가? (목적)
2. 합의된 목적을 어떻게 성취할 것인가? (방법)
3. 집단에게 이로운 진행자의 기술과 경험은? 또 그 반대는? (기대)
4. "개방"/"폐쇄" 집단으로 운용해야 하는 이유는? (기본 구조)
5. 만약 폐쇄 집단으로 운영한다면, 가입과 탈퇴는 어떻게 할 것인가? (합의)
6. "무엇이든 해도 좋은가?" 아니면 공격적인 행동을 금할 것인가? (제한)
7. 언제 시작해서 언제 끝낼 것인가? (시간 엄수)
8. 흡연/다과 등을 허용할 것인가? (기본 규칙)
9. 개인 정보/사진은 어떻게 할 것인가? (비밀 보장)
10. 어떻게 기본 규칙과 제한들을 유지시켜 나갈 것인가? (약속)

세션 시작

끝으로 초반 윤곽을 잡을 때와 같이 집단의 다양한 측면을 신중히 검토하고, 활동을 적절하게 조합하여 세션을 준비한다. 도착한 순간부터 참여자의 흥미와 호응을 얻기 위해서는, 무엇보다 진행자의 정신적 무장이 요구된다. "차가운" 집단이 "데워지기warmed up" 전까지 별다른 반응을 보이지 않는 것처럼, 진행자 역시 반드시 웜업을 해야 한다. 집단에 대한 생각과 지난 작업 일지의 확인, 그리고 무엇을 해야 하며, 어떤 주제가 탐험에 적합할지 충분한 시간을 두고 검토한다. 그러나 일단 세션이 시작되면, 이 모든 선입견을 한쪽에 밀어두자.

참여자가 도착하면, 보통 짧게 "웜업"이나 "시작" 활동을 한다. 이는 주요 세션으로 들어가기 위한 준비 단계로서, 웜업의 유형과 분위기는 주요 초점에 맞게 선택한다. 웜업은 초반 집중을 위해 사용할 수도 있다. 만약 참여자가 웜업이 된 상태로 도착할 경우에는, 이들의 활력과 에너지를 다른 구조로 돌리는 것이 좋다.

웜업은 집단의 특성과 분위기에 따라 소리, 반응, 혹은 일반적인 창조성을 예열하거나 "자신을 알아차리는" 활동으로 진행된다.

이 모든 활동은 집단을 자극하는 데 쓰인다.

진행자는 세션이 진행되는 동안 집단이 보내는 언어적 혹은 비언어적 메시지를 잘 "들어야" 하며, 이는 집단의 분위기와 활동에 대한 반응, 그리고 진행자와 동료를 대하는 태도를 통해 알 수 있다. 주제 역시 통찰력 있는 진행자에 의해 자연스럽게 드러나며, 구체화된다.

만약, 집단 전체에 조심스러운 분위기가 흐른다면, 이런 분위기를 유지하거나 일소하는 혹은 탐구하는 방향으로 웜업을 진행할 수 있다. 마찬가지로 두려운 분위기가 지배적이라면, 집단의 요구에 따라 세션을 "꽉 짜인" 혹은 예측 가능한 분위기로 진행한다. 경우에 따라서는 시작부터 불안감이 높게 나타나기도 하는데, 이런 경우에는 몇 가지 호흡과 이완 활동으로 웜업을 대신한다.

기본적으로 시작 단계는 전체적인 전략과 흐름을 같이해야 한다. 따라서 발전 단계에서 스펙토그램을 진행할 경우(50쪽 참조), 조용하게 생각할 수 있는 분위기가 조성되어야 하므로 요란하고 과도하게 신체를 움직이는 웜업은 적합하지 않다. 만약 전체, 모둠 혹은 짝으로 작업을 진행해야 할 경우에는 이에 맞는 웜업을 진행한다. 참여자가 홀수임을 잊고 짝짓기 활동을 하는 실수를 범하지 말자! 반드시 짝으로 활동을 진행해야 할 경우에는 인원을 보충하여 이 문제를 해결한다.

시작 활동은 2부에서 아래의 항목으로 나누어 실었다. 집단의 유형, 참여자의 수, 전체 프로그램, 그리고 현재의 요구를 바탕으로, 앞선 충고에 따라 한두 가지 활동을 선택한다.

I. 이름
II. 신뢰

III. 신체

IV. 호흡과 소리

 V. 감정

VI. 행동/상호 작용

세션 발전

일단 웜업이 끝나면, 주제나 과제 혹은 쟁점에 초점이 모아지기 시작하며, 세션을 발전시키기 위해 진행자는 체계적인 방법을 사용할 것이다. 허리에 해당되는 이 단계는 전체 시간의 반을 넘겨서는 안 된다.

진행자는 활동을 선택함에 있어, 창조성, 과제 해결, 통찰 중 적합한 초점을 찾아야 할 뿐만 아니라(20-3쪽 참조), "집단의 현 상태"를 파악해야 한다. 예를 들어, 웜업이 뜻밖의 결과를 초래할 수 있다. 만약 활동이 어려웠다면, 집단은 다소 어색한 느낌(부족함)을 갖는다. 이런 경우에는 초점을 조금 바꿔, 집단이 다시 자신감을 얻을 수 있도록 다른 방식의 웜업을 진행한다.

집단은 다른 상황이나 지난 세션에서 "해결하지 못한 문제"를 가져올 수도 있다. 이 지점 역시 발전 단계에서 주의 깊게 살펴보아야 한다. 그러나 집단이 앞으로 나아갈 준비가 되었다고 판단되면, 아래 방식 중 하나에 맞게 활동을 구조화한다.

창조성과 표현력

창조성을 자극할 때에는 "바다" 같은 주제를(139쪽 참조) 움직임을 통해 탐험하거나, 즉흥을 통해 극화할 수 있다. 혹은 드라마나 대본 안에서 재창조될 것이다(예: John Masefield의 Sea Fever). 결국 주제는 실연을 통해 구체화될 것이다.

과제 해결과 기술 습득

듣거나 "보는" 기술처럼 특별한 목적이 있는 작업은 아주 작은 단위로 진행하는 것이 좋다. 예를 들어, 눈 맞춤을 극도로 어려워하는 사람들에게 점진적으로 이를 수행할 수 있도록 돕는다. 예: 듣기와 보기가 모두 포함되어 있는, "내가 찾는다"(118쪽). 아니면 "자리 바꾸기"(109쪽) 같은 게임으로 구조화하거나, 실제 상황을 재구성하여 가상현실로 연습할 수도 있다.

통찰과 인식

긍정적인 자아 이미지나 가족 관계 등을 조각상으로 탐험하거나 (50쪽 참조), 역할 연기 혹은 즉흥, 이야기 또는 신화로 변형시킬 수 있다.

요약하면, 다양한 기법들은 발전 단계의 세션을 강화시킬 목적으로 사용된다. 기법을 지나치게 많이 사용하지 말고, 경험을 체화하

고 통합할 시간을 가지면서 발전시켜 나가는 것이 중요하다.

활동에 대한 아래의 몇 가지 설명이 도움이 될 것이다. 이 책은 게임을 광범위하게 다루었으며, 이는 게임이 갖는 다용성 때문이다. 게임은 안전감과 구조에 대한 감각을 제공할 뿐 아니라, 자신감을 주고 기술 개발을 할 수 있도록 돕는다. 때에 따라서는 단순히 게임 자체를 즐기기도 한다. 새로 꾸려진 집단이나 가벼운 이완이 필요한 집단의 경우가 그렇다. 즉흥이나 역할 연기, 또는 가면을 사용한 이후에는 충분한 시간을 역할 벗기에 할애한다. 종종 역할 바꾸기는 새로운 통찰을 가져온다.

조각상과 스펙토그램은 상황을 시각적으로 재현하는 데 유용하며, 개인의 인생 경로를 좀 더 명확하게 볼 수 있도록 돕는다. 그러나 직접적인 기법이기 때문에 신중하게 사용해야 한다. 예를 들어, 자신의 삶이 "텅 비어 있다"고 느끼는 참여자에게는 적합하지 않다. 이와 같은 활동 후에는 언제나 지지와 후속 작업이 충분히 이루어져야 한다. 조각상은 의사 결정이나 문제 해결, 혹은 단순히 현 상태를 보기 위해 사용된다. 또한 개인, 가족, 집단을 파악하는 데에도 좋다. 스펙토그램 역시 간편한 시각 장치의 하나로서, 삶의 모습을 다양한 작은 사물을 사용해서 표현할 수 있다. 등장인물, 주요 동기, 욕구, 감정을 지나치게 사실적으로 재현하지 않도록 유도한다.

2부에서는 발전 단계의 활동을 아래의 항목으로 나누어 실었다.

게임
    I. 협동
    II. 경쟁

세션 마무리

진행자는 적절한 순간에 "마무리" 세션을 진행할 수 있는 감각을 길러야 한다. 예정된 시간을 넘기고도 끝내기 3분 전에 "이제 마칠 시간입니다"라고 말하는 것은 정말 지각없는 행동이다. 진행자는 몰입하고 있거나 고양되어 있는 값진 순간을 방해해서도, 단순하게 마무리로 몰고 가서도 안 된다. "극점에서 내려와" 서서히 마무리할 수 있도록 돕는 것이 진행자의 임무이다. 만일 참여자가 활동에 깊이 빠져 있다면, "수면으로" 천천히 올라올 수 있도록 도와야 한다. 예를 들어, 즉흥극이 진행되는 동안, 진행자는 적절한 순간에 주의를 준다. "자, 이제 5분 남았습니다. 마무리하는 대로 여러분이 만든 장면을 다른 사람들에게 보여 줍시다."

마무리 활동이 효과적으로 진행되는 동안, 각 참여자는 세션의 강렬한 체험에서 빠져 나온다. 때로는 부드러운 이완 활동이 도움이 된다. 참여자는 활동을 되돌아보는 진지한 시간을 통해 자신의 체험을 통합해 간다. 이 과정은 종종 단순한 체험 너머의 "전체 삶"으로 이들을 데려간다.

모든 역할 연기 활동에는 "역할 벗기"(203쪽 참조) 과정이 반드

시 있어야 하며, 이를 통해 참여자는 다시 "자신"을 인식한다. 일반
적으로 참여자들은 자신의 체험을 나누고, 상대방의 이야기에 반
응하고 싶어 한다. 그러나 이를 무슨 의무처럼 받아들이게 해서는
안 된다. 각 참여자는 다른 집단 구성원으로부터 분리되어 그/그녀
만의 정체성을 가지고 집단을 떠날 수 있어야 한다. 이는 36쪽에서
개인화 과정으로 설명하였고, 거리 조절과 떠나기 기능을 포함한
다.

　2부에서 마무리 활동은 다음의 항목으로 나누어 실었다.

　I. 역할 벗기
　II. 이완
　III. 초점 부여하기
　VI. 피드백
　V. 움직임
　VI. 일기
　VII. 의식

참고 문헌

(공간의 제약으로 참고 도서를 충분히 소개할 수 없다. *가 표시된 책
에는 관련 도서가 전체 수록되어 있으니 참고하길 바란다.)

참고 도서

Barker, C. *Theatre Games*, Methuen, 1978.

Blatner, H. *Acting In*, Springer, 1973.

Burr, L. (ed). *Therapy Through Movement*, Winslow Press, 1986.

Brudenell, P. *The Other Side of Profound Handicap*, Macmillan,
    1986.

Cox, M. *Structuring the Therapeutic Process*, Pergamon, 1978.

Cox, M. *Coding the Therapeutic Process*, Pergamon, 1978.

Goffman, E. *Presentation of self in everyday life*, Penguin, 1967.

*Jennings, S. *Remedial Drama*, A. & C. Black, 1973.

*Jennings, S. (ed). *Creative Therapy*, Kemble Press, 1975.

Jennings, S. "Beware of drama," in *Journal of Dramatherapy*, Vol. 3,

No. 2, 1979.

Jennings, S. "Models of Practice in dramatherapy," in *Journal of Dramatherapy*, Vol. 7, No. 1, 1983.

Jennings, S. (ed). *Dramatherapy: Theory and Practice*, Croom Helm, 1987.

O'Neill, C. and Lambert, A. *Drama structures*, Hutchinson, 1982.

Scher, A. *The Year of the King*, Chatto, 1985.

Dramatherapy Journal, published by BADTH, PO Box 98, Kirby-moorside, Yorkshire.

Drama Therapy Bulletin, published by Dramatherapy Consultants, 6 Nelson Avenue, St Albans AL1 SRY.

CREATIVE DRAMA
IN
GROUPWORK

제2부

크리에이티브 드라마

시작 단계

발전 단계

CREATIVE DRAMA
IN
GROUPWORK

마무리 단계

소개

2부에서는 다양한 크리에이티브 드라마를 소개한다. 몇몇 특수한 영역이나 집단에서 사용할 수 있는 활동을 제외하면, 대부분 모든 집단에서 활용할 수 있다. 계획과 준비(36쪽)에서 이미 밝혔듯이, 여기서는 적합한 활동을 선택하는 방법에 대해 다루기로 한다.

전체적인 구성

시작 단계는 웜업과 시작 활동을 담았다. 발전 단계에는 게임과 즉흥, 역할 연기와 역동의 시각화로 나누어 활동을 실었으며, 마무리 단계는 참여자가 결과를 편안하게 받아들일 수 있는 활동으로 구성하였다.

표	
초점	창조성 ☑ 기술 ☐ 통찰 ☑
모둠	전체 ☐ 2 ☐ 3 ☐ 4 ☑ 5 ☑
시간	5-10분 ☐ 10-15분 ☐ 15-20분 ☑
불안 정도	상 ☐ 중 ☐ 하 ☑
음악	도움이 된다 ☑ 적합하지 않다 ☐
역할 연기	역할 연기에 도움 ☑

표

활동마다 위의 표가 첨부되어 있다. 이를 도식화해서 받아들이지 말고, 융통성 있게 변형시켜 활용해야 한다는 것을 다시 한 번 강조한다. 그렇다면 위의 표를 어떻게 읽어야 할까?

해당 활동은 창조성과 표현, 혹은 통찰과 자아 인식에 초점을 맞춘 집단에게 적합하다. 활동은 4-5명씩 "가족" 단위로 모둠을 만들어 장시간 진행한다. 이때 "발전" 단계의 또 다른 주요 활동과 이어지지 않도록 주의한다. 불안 정도는 아주 낮게 나타날 것이며, 적합한 음악을 활용하면 효과적이다. 또한 역할 연기로 발전해 갈 수 있도록 참여자를 준비시킨다.

CREATIVE DRAMA
In
GROUPWORK

시작 단계

웜업과 시작 활동

I. 이름

1. 이름 배구

이 활동은 공을 가지고 하는 것으로, 진행자는 소프트볼이나 콩 주머니를 준비한다.

　다 같이 원 모양으로 서거나 앉아서 자신의 이름을 부르면서 다른 사람에게 공을 던진다.

　몇 번 순서가 돌아가면 잠시 멈추고, 각자 다른 사람들의 이름을 얼마나 기억하는지 확인한다.

발전/변형

1) 받을 사람의 이름을 부르면서 공을 던진다.
2) 공을 던지면서 이름이 아닌 자신에 관해 말한다.
3) 받을 사람의 관찰한 바를 말하면서 공을 던진다.
4) 받을 사람의 오른쪽에 있는 사람의 이름을 부르면서 공을 던진다
   (상당히 도전적이다!).

표	
초점	창조성 ☑ 기술 ☑ 통찰 ☑
모둠	전체 ☑ 2 ☐ 3 ☐ 4 ☐ 5 ☐
시간	5-10분 ☐ 10-15분 ☑ 15-20분 ☐
불안 정도	상 ☐ 중 ☐ 하 ☑
음악	도움이 된다 ☐ 적합하지 않다 ☑
역할 연기	역할 연기에 도움 ☑

웜업과 시작 활동

I. 이름

2. 좋아하는 것 말하기

다 같이 원 모양으로 둘러앉아 돌아가면서 자신의 이름과 첫 자음이 같은 먹을거리를 말한다.

예: 내 이름은 수리, 난 수박을 좋아해.

　　내 이름은 지은, 난 자두를 좋아해.

발전/변형

1) 음식 대신 TV 프로그램이나 색깔 등을 말한다.

　　예: 내 이름은 영광, 난 바둑 중계를 좋아해.

2) 자신의 옆 사람을 먼저 소개한 다음, 자신에 대해 말한다.

　　예: 옆 사람은 민정이고 인사동을 좋아해. 난 귀연이고 커피를 좋아해.

3) 참여자들 모두의 소개가 끝나면, 각자 다른 사람에 대해 얼마나 기억하고 있는지 확인한다.

표	
초점	창조성 ☑ 기술 ☑ 통찰 ☑
모둠	전체 ☑ 2 ☐ 3 ☐ 4 ☐ 5 ☐
시간	5-10분 ☐ 10-15분 ☑ 15-20분 ☐
불안 정도	상 ☐ 중 ☐ 하 ☑
음악	도움이 된다 ☐ 적합하지 않다 ☑
역할 연기	역할 연기에 도움 ☐

웜업과 시작 활동
I. 이름

3. 이름 움직임

이 게임을 시작하기 전에 진행자는 먼저 진행 방식에 대해 자세히
설명하는 것이 좋다.

　다 같이 원 모양으로 둘러서서 한 사람씩 돌아가며 원 가운데
로 들어간다. 원 안의 사람은 간단하고 명확한 몸짓이나 동작을 하
나 만들어서 자신의 이름과 함께 전체에게 보여 준다. 그리고 다른
참여자는 그 사람의 이름과 동작을 따라한다. 원 안의 사람이 전체
에게 응답하듯이 자신의 이름과 동작을 반복하면, 이어서 다 같이
다시 한 번 이것을 따라한다.

발전/변형

1) 같은 방식으로 하되, 이번에는 각자 자신이 원하는 이름을 가지
　고 동작을 만든다.
2) 여기서 나온 모든 동작을 가지고 하나의 "춤"을 만든다.
3) 이름을 가지고 리드미컬한 노래를 만들어 손가락을 퉁기며 다
　같이 리듬에 맞추어 불러 본다.

＊ 집단 유형에 따라 이름 대신 별명으로 할 수도 있다.

표	
초점	창조성 ☑ 기술 ☐ 통찰 ☐
모둠	전체 ☑ 2 ☐ 3 ☐ 4 ☐ 5 ☐
시간	5-10분 ☑ 10-15분 ☐ 15-20분 ☐
불안 정도	상 ☐ 중 ☑ 하 ☐
음악	도움이 된다 ☑ 적합하지 않다 ☐
역할 연기	역할 연기에 도움 ☐

웜업과 시작 활동

I. 이름

4. 이름 이야기

짝을 짓거나 3-4명씩 모둠별로 모여 앉아 서로 자신의 이름에 관한 이야기를 나눈다. 자신의 이름이 어떻게 지어졌는지부터 시작하여, 자신과 이름이 같은 사람을 알고 있는지, 동명이인 중에 유명한 사람이 있는지, 자신의 이름이 마음에 드는지, 다른 이름을 갖는다면 어떤 이름이 좋을지 등에 관해 이야기한다.

발전/변형

1) 자신과 이름이 같은 유명한 사람을 상상하면서 그 사람의 이야기를 한다.
2) 성에 관해 이야기한다. 자신의 성의 유래나 뜻을 아는지, 혹은 자신의 성을 바꾸고 싶은 사람이 있는지 등에 관해 이야기한다.
3) 성을 바꾼 사람에 대해 이야기한다. 그런 사람을 알고 있는가? 각자의 생각은?

표	
초점	창조성 ☑ 기술 ☑ 통찰 ☐
모둠	전체 ☐ 2 ☑ 3 ☑ 4 ☐ 5 ☐
시간	5-10분 ☐ 10-15분 ☑ 15-20분 ☐
불안 정도	상 ☐ 중 ☑ 하 ☐
음악	도움이 된다 ☐ 적합하지 않다 ☑
역할 연기	역할 연기에 도움 ☐

웜업과 시작 활동
I. 이름

5. 이름 알아맞히기

다 같이 원 모양으로 모여서 각자 다른 참여자를 둘러보고, 그중
한 사람의 이름을 추측만으로 알아맞혀 본다. 이때 그렇게 생각한
이유도 함께 말한다.

발전/변형

1) 한 사람씩 자기 이름의 첫 글자만 알려준 다음 다른 참여자들이
   그 사람의 이름을 맞혀 본다.
2) 각자 자신이 원하는 "특별한" 별명을 생각한 다음 다른 참여자
   들이 그것을 맞혀 본다.
3) 자신의 이름과 어울리는 첫 자음이 같은 수식어를 찾아본다.
   예: 우울한 영미, 재미있는 정식, 행복한 효원.

표	
초점	창조성 ☑ 기술 ☑ 통찰 ☑
모둠	전체 ☑ 2 ☐ 3 ☐ 4 ☐ 5 ☐
시간	5-10분 ☐ 10-15분 ☑ 15-20분 ☐
불안 정도	상 ☐ 중 ☑ 하 ☐
음악	도움이 된다 ☐ 적합하지 않다 ☑
역할 연기	역할 연기에 도움 ☐

웜업과 시작 활동

I. 이름

6. 이름의 뜻

이름에 관한 마지막 활동으로, 만약 자신의 이름의 의미를 알고 있
다면 전체에게 들려준다(진행자가 이름의 의미/유래에 관한 책을 구
비해 놓으면 좋다).

　각자 자신의 이름이 "오늘" 혹은 "일상"의 자신의 모습과 어울
리는지 이야기할 기회를 갖는다. 특정 분위기의 이름이 필요한가?

발전/변형

1) 각각의 이름이 유래한 나라와 지역(본적)에 대해 이야기한다.
2) 다른 나라의 언어에서 비슷한 이름을 찾아서 비교해 보고, 더 호
　감이 가는 이름을 골라 본다.

표	
초점	창조성 ☐ 기술 ☐ 통찰 ☑ ☐
모둠	전체 ☑ 2 ☐ 3 ☐ 4 ☐ 5 ☐
시간	5-10분 ☑ 10-15분 ☐ 15-20분 ☐
불안 정도	상 ☐ 중 ☐ 하 ☑
음악	도움이 된다 ☐ 적합하지 않다 ☑
역할 연기	역할 연기에 도움 ☐

웜업과 시작 활동

II. 신뢰

7. 믿고 걷기

짝을 지어서 1번과 2번을 정한다. 먼저 1번이 눈을 감으면, 2번이
안내자가 되어 1번에게 산책을 시켜 준다. 이때 "안내자"가 짝의
팔이나 어깨를 잡는 것이 좋다. 산책하는 중에는 서로 말을 할 수
없으며, 진행자의 지시가 있을 때까지 눈을 뜨지 않는다.

발전/변형
1) "안내자"는 짝을 데리고 다니면서 그곳의 경치를 설명한다.
2) 전체를 두 모둠으로 나누어 1번 모둠과 2번 모둠을 정한다. 서로
짝을 짓기 전에 1번 모둠이 눈을 감아 누가 자신의 짝이 되는지
모르게 한다. 산책을 마치고 난 다음, 누가 자신의 안내자였는지
알 수 있을까?

표	
초점	창조성 ☑ 기술 ☑ 통찰 ☐
모둠	전체 ☐ 2 ☑ 3 ☐ 4 ☐ 5 ☐
시간	5-10분 ☐ 10-15분 ☐ 15-20분 ☑
불안 정도	상 ☐ 중 ☑ 하 ☐
음악	도움이 된다 ☐ 적합하지 않다 ☑
역할 연기	역할 연기에 도움 ☐

웜업과 시작 활동
Ⅱ. 신뢰

8. 믿고 쓰러지기

중요:

이 게임은 절대로 서두르거나 장난스럽게 진행해서는 안 된다. 만약 참여자들이 진지한 자세로 임하지 않는다면 그 가치를 잃게 된다. 짝을 지어서 한 사람이 앞에 서고 다른 사람이 그 바로 뒤에 서는데, 이때 다른 짝들과 충분한 거리를 둔다. 앞에 선 사람이 몸과 다리를 곧게 편 채 뒤로 쓰러지면 등 뒤의 짝이 손으로 받쳐 준다. 그런 다음 앞사람의 어깨를 잡고 다시 똑바로 세운다. 역할을 바꿔서 해본다.

신뢰가 쌓이면 조금씩 짝과의 거리를 늘려 간다. 진행자들이 먼저 시범을 보이는 것이 좋다.

표	
초점	창조성 ☑ 기술 ☑ 통찰 ☐
모둠	전체 ☐ 2 ☑ 3 ☐ 4 ☐ 5 ☐
시간	5-10분 ☐ 10-15분 ☐ 15-20분 ☑
불안 정도	상 ☐ 중 ☑ 하 ☐
음악	도움이 된다 ☐ 적합하지 않다 ☑
역할 연기	역할 연기에 도움 ☐

웜업과 시작 활동

II. 신뢰

9. 믿음의 원

중요:

8번과 마찬가지로 이 게임 역시 진지하게 진행하여야 하며, 천천히 발전시켜 나가야 한다.

참여자들이 촘촘히 어깨를 맞대어 원 모양을 만들면, 그 안에 한 사람이 들어간다.

원 안의 사람이 눈을 감고 몸과 다리를 곧게 편 채 원을 향해 "쓰러지면" 다른 사람들은 그를 받아서 다시 똑바로 세워 준다.

참여자 모두 돌아가면서 원 안에 들어간다. 다른 사람들이 자신을 못 잡거나 제대로 받아주지 않을 거라는 불안감을 최소화하기 위해서, 자신감을 점차 늘려가야 한다.

* 불안감에 눈을 감는 것조차 어려워하는 사람이 있다. 원을 최대한 좁혀 받아 주다가, 점차 원을 넓혀 가는 것이 좋다.

표	
초점	창조성 ☐ 기술 ☐ 통찰 ☑
모둠	전체 ☑ 2 ☐ 3 ☐ 4 ☐ 5 ☑
시간	5-10분 ☐ 10-15분 ☐ 15-20분 ☑
불안 정도	상 ☑ 중 ☐ 하 ☐
음악	도움이 된다 ☐ 적합하지 않다 ☑
역할 연기	역할 연기에 도움 ☐

웜업과 시작 활동

Ⅱ. 신뢰

10. 다 같이 들기

한 사람이 눈을 감은 채 바닥에 눕는다. 다른 참여자들은 잘 협력해서 그 사람을 허리 높이까지 들어 올린 후 살짝 흔들고 다시 내려놓는다. 바닥에 누운 사람이 눈을 뜰 때까지 참여자들은 그 자리에 남아 있어야 한다.

　　중요: 현기증이 생길 수도 있으므로 항상 머리가 다리보다 높아야 한다. 그리고 아래의 변형 활동을 할 때는 매우 조심스럽게 집중해서 진행한다.

발전/변형

1) 축하하듯이 사람을 머리 위로 들어 올린다.
2) 스릴을 맛볼 수 있도록 사람을 가볍게 "던진다."
3) 얼마나 다양한 방법으로 사람을 들어 올릴 수 있는지 찾아본다.

표	
초점	창조성 ☑ 기술 ☐ 통찰 ☑
모둠	전체 ☑　2 ☐　3 ☐　4 ☐　5 ☑
시간	5-10분 ☐　10-15분 ☐　15-20분 ☑
불안 정도	상 ☑ 중 ☐ 하 ☐
음악	도움이 된다 ☐　적합하지 않다 ☑
역할 연기	역할 연기에 도움 ☐

웜업과 시작 활동
II. 신뢰

11. 등 타기

이 게임은 6명이 하는 것이 가장 적당하다. 먼저 5명이 일렬로 무릎을 꿇고 붙어 앉는다 그런 다음 손바닥으로 바닥을 짚고 엎드려 "등"으로 평평하게 만든다. 여섯 번째 사람이 그 등 위에 눕는데, 이때 바로 누울 것인지 엎드려 누울 것인지는 편한 쪽으로 선택한다.

　　모두 자리를 잡으면, 누운 사람은 눈을 감고, "등"을 만든 사람들은 잘 협력해서 등 위의 사람을 부드럽게 앞뒤로 흔들어 준다.

발전/변형

1) "등"을 만든 사람들은 자신의 척추를 위아래로 움직여서 위에 누운 사람을 마사지해 준다.
2) "등"에서 내려오는 다양한 방법을 다 같이 찾아본다. 예: "등"을 만든 사람들이 모두 바닥에 평평하게 엎드리면 위의 사람이 굴러서 내려온다.
3) "등"은 부드러운 움직임으로 방을 가로질러 다니면서 위의 사람에게 등을 태워 준다.

주의: 각자 돌아가면서 "등"을 타본다.

표	
초점	창조성 ☑ 기술 ☐ 통찰 ☑
모둠	전체 ☑ 2 ☐ 3 ☐ 4 ☐ 5 ☐
시간	5-10분 ☐ 10-15분 ☐ 15-20분 ☑
불안 정도	상 ☐ 중 ☑ 하 ☐
음악	도움이 된다 ☑ 적합하지 않다 ☐
역할 연기	역할 연기에 도움 ☐

웜업과 시작 활동

III. 신체

12. 손바닥 찍기

진행자의 신호에 따라 참여자는 다 같이 "1분 안에 방의 네 귀퉁이, 바닥, 여섯 사람의 무릎을 손바닥으로 찍어야" 한다.

진행자는 50초 정도가 지나면 제한 시간이 임박했음을 알려 준다. 그런 다음 각자 자신이 어디로 어떻게 움직였는지 정확히 되짚어 본다. 과연 누구의 무릎을 어떤 순서로 찍었는지 기억할 수 있을까?

발전/변형

1) 몸을 움직이기가 어렵거나 덜 활동적인 사람을 위한 변형: "자신의 머리와 무릎을 손바닥으로 찍고 옆 사람 손을 잡는다." 이때 시간 제한은 두지 않는다.

2) 활기 넘치는 참여자를 위한 변형: "바닥, 천장, 방의 모든 귀퉁이를 찍고 의자 밑으로 기어들어가 '숨는다.'"

* 집단의 성격에 따라 다양한 조건을 만들 수 있다. 예를 들면, 에너지가 많은 집단: 정확히 찍기, 에너지가 적은 집단: 빨리 찍기. 또는 서로 자신의 무릎을 만지지 못하도록 도망을 다닐 수도 있다.

표	
초점	창조성 ☑ 기술 ☑ 통찰 ☐
모둠	전체 ☑ 2 ☐ 3 ☐ 4 ☐ 5 ☐
시간	5-10분 ☑ 10-15분 ☐ 15-20분 ☐
불안 정도	상 ☐ 중 ☐ 하 ☑
음악	도움이 된다 ☐ 적합하지 않다 ☑
역할 연기	역할 연기에 도움 ☐

웜업과 시작 활동

III. 신체

13. 머리에서 발끝까지

진행자는 다음과 같이 설명한다. "이제 제가 신체의 두 부분을 불러드릴 겁니다. 그러면 여러분은 그중 자기 몸의 한 부분과 다른 사람 몸의 나머지 한 부분이 서로 닿도록 합니다. 예를 들어, 만약 '엄지손가락과 허리'라고 말하면, 자신의 엄지손가락을 다른 사람의 허리에 댑니다."

이 게임은 참여자의 신체 능력이나 성향에 따라서 조절할 수 있다. 예: 몸이 유연하고 활동적인 사람: 머리와 발가락. 이완되고 표정이 풍부한 사람: 엉덩이와 발가락.

또한 참여자들이 스스로 신체 부위를 정해 불러보도록 한다.

발전/변형

1) 손과 머리; 팔꿈치와 어깨; 볼과 무릎 등.
2) 같은 신체 부위 — 무릎끼리, 손가락끼리 등.
3) 모든 손, 모든 발 등.

표	
초점	창조성 ☑ 기술 ☐ 통찰 ☐
모둠	전체 ☑ 2 ☐ 3 ☐ 4 ☐ 5 ☐
시간	5-10분 ☑ 10-15분 ☐ 15-20분 ☐
불안 정도	상 ☐ 중 ☐ 하 ☑
음악	도움이 된다 ☐ 적합하지 않다 ☑
역할 연기	역할 연기에 도움 ☐

웜업과 시작 활동

III. 신체

14. 색 찾기

이 게임은 아래의 방식으로 진행할 수 있다.

"제가 여러분께 색을 두 가지 불러 드리면, 그중 한 가지 색은 자신에게서 찾고, 다른 한 가지 색은 다른 사람에게서 찾아 손으로 찍으세요. 예를 들어, '갈색과 파란색' 이라고 하면 내 갈색 머리카락과 다른 사람의 파란 셔츠를 만지면 됩니다."

이 게임에 모두 익숙해지면 참여자들 스스로 두 가지 색을 말해 보도록 한다. (우선 한 가지 색만으로 연습해 볼 수 있다.)

발전/변형

1) 두 가지 색을 모두 다른 사람에게서 찾는다.
2) 세 가지 색으로 해본다.
3) 사람이라는 제한을 없애고 공간 어디에서나 색을 찾을 수 있도록 한다.

표			
초점	창조성 ☑ 기술 ☑ 통찰 ☐		
모둠	전체 ☑ 2 ☐ 3 ☐ 4 ☐ 5 ☐		
시간	5-10분 ☑ 10-15분 ☐ 15-20분 ☐		
불안 정도	상 ☐ 중 ☐ 하 ☑		
음악	도움이 된다 ☐ 적합하지 않다 ☑		
역할 연기	역할 연기에 도움 ☐		

웜업과 시작 활동

III. 신체

15. 색 선택

이 게임은 먼저 색에 관한 일반적인 이야기를 나눈 후에 진행하는 것이 좋다. 예를 들어, 다 같이 서로의 옷을 보도록 한다. 얼마나 다양한 색깔이 있는가?

진행자는 참여자들을 (대개 짝으로) 방안에 흩어지게 한 후 다음과 같이 외친다. 예: 자신이 좋아하는 색을 상대에게서 찾으세요. 그리고 왜 이 색을 좋아하는지 상대에게 말하면 됩니다.

발전/변형

1) 진행자가 색을 1/2/3가지 부르면, 각자 공간 어딘가에서 그 색을 찾는다.
2) 짝과 함께 서로 좋아하는 색에 관한 이야기를 나누면서, 그 색에 어울리는 것(예를 들면, 옷이나 가구, 음식 등)에 관해 이야기한다.
3) 짝을 지어서 어릴 적에 어떤 옷을 입었는지, 교복은 어떠했는지, 그 옷이 마음에 들었는지, 가장 좋아하는 옷은 무엇이었는지 등에 관해 이야기한다.

표	
초점	창조성 ☑ 기술 ☑ 통찰 ☐
모둠	전체 ☑ 2 ☑ 3 ☐ 4 ☐ 5 ☐
시간	5-10분 ☐ 10-15분 ☐ 15-20분 ☑
불안 정도	상 ☐ 중 ☐ 하 ☑
음악	도움이 된다 ☐ 적합하지 않다 ☑
역할 연기	역할 연기에 도움 ☐

웜업과 시작 활동

III. 신체

16. 스트레칭과 흔들기

이 게임은 신체를 강화하는 데 효과적인 훈련이다.

진행자의 지시에 따라 다음과 같이 몸을 푼다. 먼저 어깨를 올리지 말고 몸을 위로 쭉 펴서 늘인다. 그런 다음 크게 하품을 한다.

이것을 반복하면서 모든 관절이 풀어지도록 한다.

위와 같이 스트레칭을 하고 나서, 손부터 시작해서 몸의 각 부분을 흔들도록 한다. 모든 동작이 이완된 상태에서 이루어질 수 있도록 긴장된 부분이 있는지 점검한다. 예: 목 뒤.

머리까지도 흔들 수 있지만 너무 무리하거나 격렬하게 하지 않도록 한다. 무릎에 힘이 들어가 있지 않은지 주의한다.

표	
초점	창조성 ☑ 기술 ☐ 통찰 ☐
모둠	전체 ☑ 2 ☐ 3 ☐ 4 ☐ 5 ☐
시간	5-10분 ☐ 10-15분 ☑ 15-20분 ☐
불안 정도	상 ☐ 중 ☐ 하 ☑
음악	도움이 된다 ☑ 적합하지 않다 ☐
역할 연기	역할 연기에 도움 ☐

웜업과 시작 활동

III. 신체

17. 모양 만들기

이 게임을 시작하기 전에 음악을 틀어놓고 리듬에 맞춰 가볍게 움직이거나, 16번 게임 등을 통해서 몸을 풀어 주는 것이 좋다. 그런 다음 다 같이 바닥에 그림을 그리듯 방을 누비며 활기차게 걷다가, 진행자의 지시에 따라 순간적으로 걸음을 멈춘다.

참여자에 따라서는 자신의 몸을 쓰는 데 자신감이 없을 수도 있으므로 게임에 앞서 연습이 필요할 수도 있다.

진행자가 어떤 모양을 외치면 참여자는 각자 자신의 몸으로 그 모양을 만든다. 예: 원, 뾰족한 모양, 직선 등.

발전/변형

1) 짝과 함께 모양을 만들어 본다.
2) 세 명이 함께 모양을 만들어 본다.

* 전체 참여자가 하나의 모양을 만들어 볼 수도 있다.

표	
초점	창조성 ☑ 기술 ☑ 통찰 ☐
모둠	전체 ☑ 2 ☑ 3 ☑ 4 ☐ 5 ☐
시간	5-10분 ☑ 10-15분 ☐ 15-20분 ☐
불안 정도	상 ☐ 중 ☐ 하 ☑
음악	도움이 된다 ☐ 적합하지 않다 ☑
역할 연기	역할 연기에 도움 ☑

웜업과 시작 활동

III. 신체

18. 움직임 만들기

이 활동은 17번처럼 활기차게 걷는 것으로 시작한다.

진행자는 다음과 같이 말한다. "제가 멈추라고 말하면 그 자리에 멈춰 서서 제 말을 잘 들으세요. 어떤 동작을 하라고 말할 거예요. 그러면 다시 걸으라는 말이 있기 전까지 계속해서 그 동작을 반복해야 하는 겁니다."

* 예: 한발로 뛰기, 손뼉 치기, 엉덩이 흔들기 등.

발전/변형

1) 짝을 지어서 움직임을 만든다. 등 대고 걷기, 팔짱 끼고 돌기 등.
2) 참여자는 누구나 동작을 정할 수 있도록 한다.
3) 참여자들이 돌아가면서 동작을 지시해 본다.
4) 여러 동작을 엮어서 하나의 연속적인 움직임을 만들어 본다. 이 때 음악을 사용해도 좋다.

표	
초점	창조성 ☑ 기술 ☐ 통찰 ☐
모둠	전체 ☑ 2 ☐ 3 ☐ 4 ☐ 5 ☐
시간	5-10분 ☐ 10-15분 ☑ 15-20분 ☐
불안 정도	상 ☐ 중 ☐ 하 ☑
음악	도움이 된다 ☑ 적합하지 않다 ☐
역할 연기	역할 연기에 도움 ☐

웜업과 시작 활동

III. 신체

19. 밀고 당기기

이 활동은 "힘"을 쓰면서, 인간의 신체와 균형 감각을 알게 하는 데 도움을 준다.

처음에는 힘의 안배에 지나치게 신경을 쓴 나머지 제대로 힘을 주지 못할 수도 있다.

짝을 선택하게 한 후, 짝끼리 마주보고 선다. 상대의 어깨에 손을 올린 다음, 서로의 어깨를 밀어서 방을 가로질러 갈 수 있는지 확인하도록 한다. 장난으로 흐르지 않고, 실제 힘과 균형의 중요성을 충분히 느낄 수 있도록 돕는다.

발전/변형

1) 짝의 손을 잡고서 서로 당기면서 방을 가로질러 간다. 이때 너무 쉽게 끌려가지 않으려면 발로 움켜쥔다는 느낌으로 바닥을 디디는 것이 좋다.
2) 바닥에 엎드리거나 의자에 앉아서 팔씨름을 한다.
3) 한 손만 잡고서 번갈아 가며 밀고 당긴다. 이 게임은 신체 조절 능력과 순발력을 키우는 데 좋다.

표	
초점	창조성 ✓ 기술 ✓ 통찰 ☐
모둠	전체 ☐ 2 ✓ 3 ☐ 4 ☐ 5 ☐
시간	5-10분 ☐ 10-15분 ✓ 15-20분 ☐
불안 정도	상 ☐ 중 ☐ 하 ✓
음악	도움이 된다 ☐ 적합하지 않다 ✓
역할 연기	역할 연기에 도움 ☐

웜업과 시작 활동

III. 신체

20. 걷기

이 활동은 움직임을 확장시키고 리듬을 다양하게 변형시키는 데
좋다.

참여자들은 다른 사람과 닿지 않도록 조심하면서 자연스럽게
다니도록 한다. 그러다 진행자가 신호를 하면 얼어붙은 듯 그 동작
을 유지한 채 움직이지 않는다(이하 '얼음'으로 표현). 이때 북을 사
용하는 것이 좋다.

그런 다음 두 배로 빨리 걷도록 한다. 여전히 서로 닿거나 부딪
치지 않도록 하고, 신호가 주어지면 또다시 얼음이 된다.

발전/변형

1) 느린 동작으로 걷고 미끄러지듯이 움직이다가 멈춘다.
2) 마지막으로, 움직임을 알아차리지 못할 정도로 느리게 기어본다.

이것은 다른 순서로 반복할 수 있다.

표	
초점	창조성 ☑ 기술 ☑ 통찰 ☐
모둠	전체 ☑ 2 ☐ 3 ☐ 4 ☐ 5 ☐
시간	5-10분 ☑ 10-15분 ☐ 15-20분 ☐
불안 정도	상 ☐ 중 ☐ 하 ☑
음악	도움이 된다 ☐ 적합하지 않다 ☑
역할 연기	역할 연기에 도움 ☐

웜업과 시작 활동

III. 신체

21. 직선과 곡선

다 같이 활기차게 걷다가 진행자의 신호와 함께 얼음이 된다. 진행
자의 지시에 따라 다시 걷는데, 이번에는 **직선**으로만 움직인다(방
향을 바꿀 때도 각이 지게 한다). 그리고 ― 얼음. 마지막으로, 사람
들 주위를 돌아다니면서 부드럽게 곡선으로만 걷는다. 그리고 ―
얼음.

발전/변형

1) 한곳에 서서 몸의 각 부분을 직선 혹은 원 등으로 움직여 본다.
2) 짝을 짓거나 서너 명씩 모둠으로 나뉘어 한곳에 자리를 잡고 선
   채로, 일부는 직선으로, 나머지는 곡선으로 움직여 본다.
3) 다 같이 직선과 곡선을 이용해서 인간 "모빌"을 만든다.

표	
초점	창조성 ☑ 기술 ☑ 통찰 ☐
모둠	전체 ☑ 2 ☑ 3 ☑ 4 ☑ 5 ☑
시간	5-10분 ☐ 10-15분 ☑ 15-20분 ☐
불안 정도	상 ☐ 중 ☑ 하 ☐
음악	도움이 된다 ☐ 적합하지 않다 ☑
역할 연기	역할 연기에 도움 ☐

웜업과 시작 활동

III. 신체

22. 하늘 닿기

이 게임에 앞서 16, 19, 20번 게임으로 웜업하는 것이 좋다.

세 명씩 모둠을 만들어 한 사람을 중간에 세우고 양쪽에서 가운데 사람의 팔을 잡는다. 가운데 사람은 둘의 도움을 받아 점프를 하는데, 처음에는 아주 낮게 시작해서 점점 더 높이 뛴다. 세 명이 번갈아 가며 모두 뛴다.

중요:

이 게임은 보기보다 쉽지 않다. 셋이 호흡을 맞추는 데 시간이 걸리므로 "하나, 둘, 점프!" 하고 구령을 붙이는 것이 효과적이다.

* 가운데 사람은 팔꿈치를 감싸듯이 팔을 모아 몸에 붙인다. 양 옆에 있는 사람이 가운데 사람의 팔꿈치 부분을 잡고 들어 올리면 더 높이 점프할 수 있다.

표	
초점	창조성 ☑ 기술 ☐ 통찰 ☐
모둠	전체 ☐ 2 ☐ 3 ☑ 4 ☐ 5 ☐
시간	5-10분 ☐ 10-15분 ☑ 15-20분 ☐
불안 정도	상 ☐ 중 ☑ 하 ☐
음악	도움이 된다 ☐ 적합하지 않다 ☑
역할 연기	역할 연기에 도움 ☐

웜업과 시작 활동

III. 신체

23. 집단 비행

일종의 신뢰 게임이다. 자신감은 물론 어느 정도 위험을 감수해야 하기 때문이다.

최대 6명이 한 모둠이 되어 한 사람이 엎드려서 팔을 날개처럼 펼치면, 나머지 사람들이 그 사람을 받쳐 들고 하늘을 나는 것처럼 돌아다닌다. 매우 조심스럽게 해야 하며, 처음에는 아주 느리게 움직이다가 점차 속도를 높인다. 속도가 어느 정도 빨라지면 짜릿한 기분을 느낄 수 있다.

모든 사람이 "날" 수 있는 기회를 가져야 하지만, 강요해서는 안 된다.

표	
초점	창조성 ☐ 기술 ☑ 통찰 ☐
모둠	전체 ☑ 2 ☐ 3 ☐ 4 ☐ 5 ☐
시간	5-10분 ☑ 10-15분 ☐ 15-20분 ☐
불안 정도	상 ☑ 중 ☐ 하 ☐
음악	도움이 된다 ☐ 적합하지 않다 ☑
역할 연기	역할 연기에 도움 ☐

웜업과 시작 활동

IV. 호흡과 소리

24. 하품과 한숨

이 게임은 앉거나 선 자세로 할 수 있다. 먼저 소리 없이 크게 하품을 한다. 다시 하품을 하면서 보통 크기의 소리를 내고, 마지막으로 아주 큰 소리로 하품을 한다.

그런 다음, 코로 숨을 들이마시고 입으로 한숨을 내쉬는 방법이 익숙해지면 숨을 들이마시고 점점 더 길게 한숨을 내쉬다가, 마지막으로 큰 소리를 내면서 한숨을 내쉬도록 한다.

발전/변형

1) 짝을 지어서 한 사람이 하품을 하는 동안 다른 사람은 한숨을 내쉬도록 한다.
2) 두 모둠으로 나누어 한 모둠이 하품을 하면서 미리 정한 소리 (예: 신음소리, 겁에 질린 소리, 괴성 등)를 내면, 다른 모둠은 무슨 소리인지 맞춘다.

표	
초점	창조성 ☑ 기술 ☑ 통찰 ☐
모둠	전체 ☑ 2 ☑ 3 ☐ 4 ☐ 5 ☑
시간	5-10분 ☑ 10-15분 ☐ 15-20분 ☐
불안 정도	상 ☐ 중 ☐ 하 ☑
음악	도움이 된다 ☐ 적합하지 않다 ☑
역할 연기	역할 연기에 도움 ☐

웜업과 시작 활동

IV. 호흡과 소리

25. 심호흡

이 게임은 서서 하는 것이 가장 좋지만, 앉은 자세를 더 편하게 생각하는 사람도 있다.

셋을 세는 동안 코로 숨을 들이마시고 — 셋에 멈추고 — 셋을 세는 동안 내쉬도록 한다. 참여자에게 자연스러운 들숨과 날숨 사이에도 잠깐 호흡이 멈추는 순간이 있다는 것을 설명한다.

중요:

숨을 깊이 들이마실 때 목에 힘을 주거나 어깨를 들어올리지 않도록 주의한다.

발전/변형

1) 점차 시간을 늘려간다. 예: 들숨 2-3-4-5, 유지 2-3-4-5, 날숨 3-4-5.
2) 위의 것과는 대조적으로 재빨리 숨을 들이마시고, 멈추었다가, "하!" 소리를 내면서 입으로 한번에 숨을 내뱉도록 한다.

표	
초점	창조성 ☑ 기술 ☑ 통찰 ☐
모둠	전체 ☑ 2 ☐ 3 ☐ 4 ☑ 5 ☐
시간	5-10분 ☑ 10-15분 ☐ 15-20분 ☐
불안 정도	상 ☐ 중 ☐ 하 ☑
음악	도움이 된다 ☐ 적합하지 않다 ☑
역할 연기	역할 연기에 도움 ☐

웜업과 시작 활동
IV. 호흡과 소리
26. 허밍

___

숨을 들이마시고 나서 허밍을 하는데, 처음엔 아주 작게 시작해서 점점 소리를 높여 간다. 그리고 숨이 차기 전에 멈춘다.

 이 과정을 반복하는데, 이번에는 숨을 깊이 들이마시고, 허밍을 큰소리로 시작해서 숨이 다할 때까지 점점 소리를 줄여 간다.

발전/변형

1) 짝을 지어서 허밍을 하는데, 먼저 서로 이마를 맞대고 한 후, 뺨을 대고 그 떨림을 느껴 본다. 소리의 울림이 커질수록 떨림도 크게 느껴질 것이다.
2) 허밍을 할 때 음높이를 변화시키면서 자신이 낼 수 있는 가장 높은 음과 낮은 음을 찾아본다.

표	
초점	창조성 ☑ 기술 ☑ 통찰 ☐
모둠	전체 ☑ 2 ☑ 3 ☐ 4 ☐ 5 ☐
시간	5-10분 ☑ 10-15분 ☐ 15-20분 ☐
불안 정도	상 ☐ 중 ☑ 하 ☐
음악	도움이 된다 ☐ 적합하지 않다 ☑
역할 연기	역할 연기에 도움 ☐

웜업과 시작 활동
IV. 호흡과 소리

27. 풍선

먼저 다 같이 마임으로 풍선을 분다. 풍선이 커지면 꼭지 끝을 묶고 셋을 센 후 터뜨린다!

다음은, 모두가 풍선이 된다. 처음에는 바닥에 낮게 웅크리고 있다가, 상상으로 한 번씩 바람을 넣을 때마다 점점 크고 둥글게 부풀어 오른다.

이번에는 짝을 지어서 한 사람은 풍선이 되고 다른 사람은 바람을 불어넣는다. 모든 풍선을 동시에 터뜨린다. "꼭지를 묶고, 바늘을 찾아서, 하나, 둘, 셋 — 펑!" 하면, "풍선"은 천천히 바람이 빠지면서 늘어진다. 역할을 바꿔서 해본다.

발전/변형

1) 두 모둠으로 나누어 한 모둠이 원을 만들면, 다른 모둠은 그 원 안에 들어가서 풍선이 된다. 그리고 풍선을 한꺼번에 불어서 터뜨린다.
2) 터지지 않도록 주의하면서 몇 사람을 재미있는 모양의 풍선으로 불어 본다.

표	
초점	창조성 ☑ 기술 ☑ 통찰 ☐
모둠	전체 ☑ 2 ☑ 3 ☐ 4 ☑ 5 ☑
시간	5-10분 ☑ 10-15분 ☐ 15-20분 ☐
불안 정도	상 ☐ 중 ☑ 하 ☐
음악	도움이 된다 ☐ 적합하지 않다 ☑
역할 연기	역할 연기에 도움 ☐

웜업과 시작 활동

Ⅳ. 호흡과 소리

28. 울림

이 게임은 성량을 키우고 소리의 울림을 만드는 데 좋다.

먼저, 어깨를 들어올리지 말고 깊이 숨을 들이마신다. 그리고 숨을 다 내쉴 때까지 허밍을 한다.

다음, 깊이 들이마시고, 이전처럼 허밍을 하는데, 이때 손바닥으로 가슴을 두드리면서 소리의 변화를 살핀다. "음"과 "아" 소리를 반복해서 사용할 수 있다.

발전/변형

1) 짝을 지어서 한 사람이 손바닥으로 짝의 등을 두드려서 "음"이나 "아" 소리가 어떻게 변하는지 살펴본다.
2) 타잔처럼 주먹을 쥐고 양손으로 가슴을 두드리면서 울음소리를 내본다.

표	
초점	창조성 ☑ 기술 ☑ 통찰 ☐
모둠	전체 ☑ 2 ☑ 3 ☐ 4 ☐ 5 ☐
시간	5-10분 ☑ 10-15분 ☐ 15-20분 ☐
불안 정도	상 ☐ 중 ☑ 하 ☐
음악	도움이 된다 ☐ 적합하지 않다 ☑
역할 연기	역할 연기에 도움 ☐

웜업과 시작 활동

IV. 호흡과 소리

29. 발음 연습

이 게임은 집중력을 높이고 발음을 정확히 하는 데 좋다. 아주 쉬운 것부터 점점 어려운 예들을 해본다(다 같이 한목소리로도 해보고, 혼자서도 해본다).

검찰청 철 창살은 쇠 철 창살인가 쌍 철 창살인가.
간장공장 공장장은 공 공장장이고, 된장공장 공장장은 장 공장장이다.
내가 그린 기린 그린 기린 그림은 긴 기린 그린 기린그림인가 안 긴 기린 그린 기린 그림인가.
저기 말맨 말 말뚝은 말맨 말 말뚝인가 말 안맨 말 말뚝인가

각자 알고 있는 문장을 찾아서 해본다.

* 한국 상황에 맞게 변형하였다.

표	
초점	창조성 ☐ 기술 ☐ 통찰 ☑
모둠	전체 ☑ 2 ☐ 3 ☐ 4 ☐ 5 ☐
시간	5-10분 ☑ 10-15분 ☐ 15-20분 ☐
불안 정도	상 ☐ 중 ☑ 하 ☐
음악	도움이 된다 ☐ 적합하지 않다 ☑
역할 연기	역할 연기에 도움 ☐

```
║▌      웜업과 시작 활동      ▐║
```

V. 감정

30. 계절과 기념일

이 게임은 일정한 문장 형식에 맞추어 자신의 감정을 표현하는 방식으로, 먼저 다 같이 둥글게 앉아서 계절과 다양한 기념일에 대해 이야기한다.

　　참여자는 특별히 좋아하거나 싫어하는 때를 생각해서 다음 문장을 완성한다.

　　"난 ～을 좋아합니다. 왜냐하면 ～가 생각나거든요." 예: 난 여름을 좋아합니다. 왜냐하면 휴가 때 바닷가에 갔을 때가 생각나거든요.

　　"난 ～을 싫어합니다. 왜냐하면 ～가 생각나거든요." 예: 난 크리스마스를 싫어합니다. 왜냐하면 남동생이 폐렴으로 아팠던 때가 생각나거든요.

발전/변형

1) 위의 형식을 사용해서 계절, 기념일, 또는 보다 일반적인 좋고 싫음에 대한 이야기를 상세하게 발전시킨다.
2) 특별히 즐거웠거나 그렇지 않았던 생일은 언제였는가?

표	
초점	창조성 ☐ 기술 ☐ 통찰 ☑
모둠	전체 ☑ 2 ☐ 3 ☐ 4 ☐ 5 ☐
시간	5-10분 ☑ 10-15분 ☑ 15-20분 ☐
불안 정도	상 ☐ 중 ☑ 하 ☑
음악	도움이 된다 ☐ 적합하지 않다 ☑
역할 연기	역할 연기에 도움 ☐

웜업과 시작 활동
V. 감정

31. 긍정적 감정/부정적 감정

이 활동은 상반된 감정을 다룬다는 점에서 30번과 비슷하다. 모두
원 모양으로 앉아서 긍정적 감정과 부정적 감정을 다음의 문장을
사용해서 이야기한다.
    "나는 ~할 때 기분이 좋아."
    "나는 ~할 때 기분이 나빠."
    예: "나는 산책할 때 기분이 좋아." "나는 쉬지 못할 때 기분이
    나빠."

발전/변형

1) 진행자는 위의 문장으로 이야기를 시작해서, 적절할 때 그 감정
   에 대한 이야기를 발전시킨다.
2) 다양한 "감정"에 대해 이야기한다. 예: 두려운/자신만만한; 당
   황한/편안한

표				
초점	창조성 ☐ 기술 ☐ 통찰 ☑			
모둠	전체 ☑ 2 ☐ 3 ☐ 4 ☐ 5 ☐			
시간	5-10분 ☑ 10-15분 ☑ 15-20분 ☐			
불안 정도	상 ☐ 중 ☑ 하 ☐			
음악	도움이 된다 ☐ 적합하지 않다 ☑			
역할 연기	역할 연기에 도움 ☐			

웜업과 시작 활동
V. 감정

32. 감정 단어

진행자는 사인펜과 카드를 준비한다.

참여자에게 "느낌"을 나타내는 단어를 가능한 많이 찾아서 카드 한 장에 하나씩 쓰도록 한다. 그리고 카드를 모두 모아서 여러 범주로 나누어 제목을 붙인다.

예: 온도: 열 받는/차가운/따뜻한

분위기: 지루한/흥이 나는/힘이 솟는

맛: 고소한/씁쓸한

감정을 분류하는 과정에서 논쟁이 일어날 수도 있다.

발전/변형

1) 비슷한 단어가 얼마나 많이 있는지 살핀다.

2) 가장 많은 단어는 무엇인가? 이 단어가 집단의 최근 분위기를 대표하는 것은 아닐까?

3) 한 명씩 카드를 아무거나 집어서 그 감정을 설명한다.

표	
초점	창조성 ☐ 기술 ☑ 통찰 ☑
모둠	전체 ☑ 2 ☐ 3 ☐ 4 ☐ 5 ☐
시간	5-10분 ☐ 10-15분 ☑ 15-20분 ☐
불안 정도	상 ☐ 중 ☑ 하 ☐
음악	도움이 된다 ☐ 적합하지 않다 ☑
역할 연기	역할 연기에 도움 ☐

웜업과 시작 활동

V. 감정

---

33. 감정을 건드리는 것들

이 게임은 참여자들이 서로의 의견을 활발하게 주고받을 수 있는 기회를 제공한다. 다 함께 감정에 영향을 미치는 요소를 찾는다. 이때 어떤 형식에 맞춰 설명할 수도 있고, 자유롭게 이야기할 수도 있다. 예: 날씨, 색깔, 시간(하루/요일/한 달 중 어느 때), 행사 등.

　모든 사람의 의견을 모아 표로 만들어서 공통점을 찾아보는 것도 좋다.

발전/변형

1) "어떤 옷을 입었을 때 기분이 좋은가/나쁜가?"라는 문장으로 이야기를 시작한다.
2) "어디에 있을 때 기분이 좋은가/나쁜가?"라는 문장으로 이야기를 시작한다.

표	
초점	창조성 ☐ 기술 ☑ 통찰 ☑
모둠	전체 ☑　2 ☑　3 ☐　4 ☐　5 ☐
시간	5-10분 ☐　10-15분 ☑　15-20분 ☐
불안 정도	상 ☑　중 ☑　하 ☐
음악	도움이 된다 ☐　적합하지 않다 ☑
역할 연기	역할 연기에 도움 ☐

웜업과 시작 활동
V. 감정
34. 감정을 건드리는 사람들

다른 사람이 자신의 감정에 어떤 영향을 미치는지 이야기한다.

그리고 이를 보여 주는 긍정적 예와 부정적 예를 찾는다. 예:
나는 엄마를 볼 때마다 신경질이 나; 나는 아들만 보면 기분이 좋아
져.

중요:

처음에는 특정 인물에 관한 예보다는 일반적인 예들로 시작하는
것이 좋다. 예: 나는 나보다 어린 사람들을 만나면 긴장되고, 나보
다 나이 많은 사람들을 만나면 안심이 돼.

발전/변형

좋아하는 사람과 싫어하는 사람의 콜라주를 만든다.

표	
초점	창조성 ☐ 기술 ☐ 통찰 ✓
모둠	전체 ✓ 2 ✓ 3 ☐ 4 ☐ 5 ☐
시간	5-10분 ☐ 10-15분 ✓ 15-20분 ☐
불안 정도	상 ✓ 중 ✓ 하 ☐
음악	도움이 된다 ☐ 적합하지 않다 ✓
역할 연기	역할 연기에 도움 ☐

웜업과 시작 활동
V. 감정

35. 음식과 감정

자신이 좋아하는 음식과 싫어하는 음식을 하나씩 말한다. 예: 난 젤리를 좋아하고 시금치를 싫어해!

이때 좋아한다와 싫어한다는 단어를 아주 과장해서 말해 본다. 음식이 주제로 떠오르면 대체로 토론이 활기를 띠지만, 진행자의 적절한 판단으로 토론을 이끌어 가는 것이 좋다.

발전/변형

한 명씩 돌아가면서 자신이 처음에 했던 말을 반대로 말한다. 즉, 싫어하는 음식은 모두 좋아하는 척하고, 좋아하는 음식은 모두 싫어하는 척한다!

표	
초점	창조성 ☐ 기술 ☐ 통찰 ☑
모둠	전체 ☑ 2 ☐ 3 ☐ 4 ☐ 5 ☐
시간	5-10분 ☑ 10-15분 ☐ 15-20분 ☐
불안 정도	상 ☐ 중 ☑ 하 ☐
음악	도움이 된다 ☐ 적합하지 않다 ☑
역할 연기	역할 연기에 도움 ☐

웜업과 시작 활동
VI. 행동/상호 작용

36. 즉석에서

이 게임을 위해서 진행자는 대답하기 난처한 질문이 적힌 카드를 준비한다.

예: "난 집주인 — 아니, 집세를 왜 안 내는 거야?"

"난 아버지 — 자네, 내 딸이랑 사귀나?"

"난 경찰 — 어젯밤 일에 관해 몇 가지 질문을 해도 되겠습니까?"

모두 둥글게 앉아서 카드를 한 장씩 나눠 갖고 자기 옆 사람에게 거기에 적힌 질문을 한다. 이때 질문에 답할 필요는 없고, 단순히 듣기만 한다.

발전/변형

1) 질문에 대답을 하되 한 문장이나 한두 단어로 길이를 제한한다.
2) 모든 질문을 노인처럼, 어린아이처럼, 외국인처럼 해본다.

표	
초점	창조성 ☐ 기술 ☐ 통찰 ☑
모둠	전체 ☑ 2 ☐ 3 ☐ 4 ☐ 5 ☐
시간	5-10분 ☐ 10-15분 ☑ 15-20분 ☐
불안 정도	상 ☐ 중 ☐ 하 ☑
음악	도움이 된다 ☐ 적합하지 않다 ☑
역할 연기	역할 연기에 도움 ☑

웜업과 시작 활동
VI. 행동/상호 작용

37. 짝 찾기

짝으로 구성된 역할 카드를 준비한다.

　　예: 경찰/범죄자

　　　　길 잃은 아이/걱정하는 부모

　　　　간호사/목발 짚은 사람

　　카드를 한 장씩 받으면, 먼저 그 사람이 "되어야" 하며, 이후 누가 자기 짝인지 찾는다.

발전/변형

1) 아무하고나 짝을 지어서 그 상황에 맞는 대화를 한다.

　　예: 경찰과 목발 짚은 사람; 길 잃은 아이와 범죄자; 간호사와 걱정하는 부모.

표	
초점	창조성 ☐ 기술 ☐ 통찰 ☑
모둠	전체 ☐ 2 ☑ 3 ☐ 4 ☐ 5 ☐
시간	5-10분 ☐ 10-15분 ☑ 15-20분 ☐
불안 정도	상 ☐ 중 ☑ 하 ☐
음악	도움이 된다 ☐ 적합하지 않다 ☑
역할 연기	역할 연기에 도움 ☑

웜업과 시작 활동

VI. 행동/상호 작용

38. 외판원

이 게임은 진행자가 말로 지시를 내리거나 역할 카드를 사용할 수 있다. 주제는 설득이다.

짝을 지어서 한 사람이 진공청소기 같은 평범한 물건을 사라고 상대방을 설득한다. 이때 "고객"에게는 무관심하거나 혹은 과장된 관심을 보이라고 지시한다. 역할을 바꿔서도 해본다.

발전/변형

1) 같은 방식으로, 우스꽝스런 물건을 진지하게 팔아본다.
2) 사람들의 냉담한 반응에도 불구하고 자선 단체의 모금 운동을 해본다.
3) "과학적"인 단어를 최대한 동원해서 신제품 세제를 팔아본다.

표	
초점	창조성 ☐ 기술 ☐ 통찰 ☑
모둠	전체 ☐ 2 ☑ 3 ☐ 4 ☐ 5 ☐
시간	5-10분 ☑ 10-15분 ☐ 15-20분 ☐
불안 정도	상 ☐ 중 ☑ 하 ☐
음악	도움이 된다 ☐ 적합하지 않다 ☑
역할 연기	역할 연기에 도움 ☑

웜업과 시작 활동

VI. 행동/상호 작용

39. 2분 인터뷰

진행자는 다양한 인물 카드를 준비한다. 예: 지금 막 노래자랑에서 상을 탄 할머니; 사고 현장에서 어린아이를 구한 소방관.

짝을 지어서 서로를 인터뷰하는데, 좋아하는 TV프로가 무엇인가? 같은 일상적인 질문도 좋고, 예상을 벗어나는 질문도 좋다.

예: "~을 발명하셨다고 들었는데요, 시청자들에게 ~에 대해 설명해 주시겠습니까?"

중요:

하다 보면 상대가 고심해서 답해야 하는 질문을 할 수도 있을 것이다.

발전/변형

당신의 인생을 2분 내로 말씀해 주시겠습니까?

표	
초점	창조성 ☐ 기술 ☐ 통찰 ☑ ☐
모둠	전체 ☐ 2 ☑ 3 ☐ 4 ☐ 5 ☐
시간	5-10분 ☑ 10-15분 ☐ 15-20분 ☐
불안 정도	상 ☐ 중 ☑ 하 ☐
음악	도움이 된다 ☐ 적합하지 않다 ☑
역할 연기	역할 연기에 도움 ☑

웜업과 시작 활동

VI. 행동/상호 작용

40. 전화 통화

이 활동은 둥글게 앉아서 진행하는 것이 가장 좋다. 모형 전화기가 있으면 유용하다. 한 사람이 옆 사람에게 전화를 걸어서 이렇게 말한다. "전 ～에요. ～에게 안부 전해 주세요."

둥글게 앉은 다음 돌아가면서 순서가 된 사람은 이전 사람들의 전화 내용에 덧붙여 자신의 메시지를 전한다. 예: "민규 씨가 정식 씨에게 안부 전해 달래요. 정식 씨가 제게 안부를 전했고요, 전 수진이에요. 그리고 영미에게 안부를 전해 주세요"

점점 더 기억하기 어려워질 것이다!

발전/변형

1) 인사를 하고, 각자 개인적인 메시지를 덧붙인다.
2) 인사를 하고, 소식을 전하거나 뭔가를 빌려 달라고 한다.

표	
초점	창조성 ☐ 기술 ☐ 통찰 ☑
모둠	전체 ☑ 2 ☐ 3 ☐ 4 ☐ 5 ☐
시간	5-10분 ☐ 10-15분 ☑ 15-20분 ☑
불안 정도	상 ☐ 중 ☑ 하 ☐
음악	도움이 된다 ☐ 적합하지 않다 ☑
역할 연기	역할 연기에 도움 ☑

CREATIVE
DRAMA
IN GROUPWORK

발전 단계

게임

I. 협동

1. 풍선 띄우기

참여자 각자에게 크고 튼튼한 풍선을 하나씩 주고 불게 한다. 이 게임은 호흡 훈련에도 좋다.

참여자는 앉거나 선 채로 입으로 불거나 손으로 쳐서 풍선이 바닥에 떨어지지 않게 한다.

발전/변형

1) 같은 요령으로 하되 짝을 짓는다.
2) 더 크고 튼튼한 풍선 하나를 참여자 전체가 함께 띄워 본다.

* 비치볼을 사용할 수도 있다.

표	
초점	창조성 ☑ 기술 ☐ 통찰 ☐
모둠	전체 ☑ 2 ☐ 3 ☐ 4 ☐ 5 ☐
시간	5-10분 ☐ 10-15분 ☑ 15-20분 ☐
불안 정도	상 ☐ 중 ☐ 하 ☑
음악	도움이 된다 ☐ 적합하지 않다 ☑
역할 연기	역할 연기에 도움 ☐

게임

I. 협동

2. 풍선 전달하기

풍선이나 공이 하나 필요하다(여분의 풍선을 한두 개 더 준비해 놓는 것이 좋다).

참여자는 한 손만 사용해서 떨어뜨리지 않고 옆 사람에게 전달한다.

발전/변형

1) 공을 받은 후 다른 손으로 옮겨 전달한다.

2) 공을 무릎에 끼워 전달한다.

3) 턱밑에 끼워 전달한다.

* 이외에도 다양한 방식을 찾는다(겨드랑이에 끼우기, 뒤로 던지기 등).

* 처음에는 둥글게 서서 옆 사람에게 전달해 본 후, 익숙해지면 아무에게나
  전달할 수 있다.

표	
초점	창조성 ☑ 기술 ☑ 통찰 ☐
모둠	전체 ☑ 2 ☐ 3 ☐ 4 ☐ 5 ☐
시간	5-10분 ☑ 10-15분 ☐ 15-20분 ☐
불안 정도	상 ☐ 중 ☐ 하 ☑
음악	도움이 된다 ☐ 적합하지 않다 ☑
역할 연기	역할 연기에 도움 ☐

게임

I. 협동

3. 섬

모둠으로 나누어 그 수만큼 신문지를 바닥에 깐다. 신문이 찢어지지 않게 모둠별로 그 위에 올라선다.

발전/변형

1) 신문의 크기를 줄여 간다.

2) 노래에 맞추어 움직이다가 진행자가 신호를 하면 모둠별로 일제히 "종이(섬)" 위로 올라간다.

3) 신문을 훌라후프 같은 다른 재료로 바꾸어 본다.

표	
초점	창조성 ☑ 기술 ☐ 통찰 ☐
모둠	전체 ☐ 2 ☐ 3 ☑ 4 ☑ 5 ☑
시간	5-10분 ☐ 10-15분 ☑ 15-20분 ☐
불안 정도	상 ☐ 중 ☑ 하 ☐
음악	도움이 된다 ☐ 적합하지 않다 ☑
역할 연기	역할 연기에 도움 ☐

게임

I. 협동

4. 몸 더하기

5-6명이 한 모둠을 이루는 것이 가장 좋다. 진행자는 참여자에게 무리가 되지 않는 범위 내에서 지시를 내리고, 충분한 시간을 준다.

먼저 신체 부위별로 점수를 부여한다. 예: 등은 1점, 양손은 5점, 발은 각각 1점씩, 그리고 엉덩이는 2점.

모둠별로 바닥에 닿는 부위의 합이 최대 6점을 넘지 않도록 하되, 진행자가 다음 지시를 줄 때까지 신체 부위를 바꿔 가며 다양한 방법을 찾는다. 예: 발 둘, 등 둘, 엉덩이 하나. 이때 나머지 사람은 바닥에 닿지 않고 어떻게 서 있을 수 있을까?

발전/변형

1) 총 점수를 줄여가면서, 참여자들이 협력해 독창적인 방법을 찾도록 한다.
2) 신체 부위나 모둠의 인원을 달리 해본다.

표	
초점	창조성 ☑ 기술 ☑ 통찰 ☐
모둠	전체 ☑ 2 ☐ 3 ☐ 4 ☐ 5 ☑
시간	5-10분 ☐ 10-15분 ☑ 15-20분 ☐
불안 정도	상 ☐ 중 ☑ 하 ☐
음악	도움이 된다 ☐ 적합하지 않다 ☑
역할 연기	역할 연기에 도움 ☐

게임

I. 협동

5. 자리 바꾸기

집중을 요하면서도 신나는 게임이다.

참여자는 원 모양으로 둘러선다. 다 같이 "1, 2, 3"을 외치고 나서 동시에 원 안에 있는 다른 사람을 쳐다본다. 서로 눈이 마주치면 그 사람과 자리를 바꾼다.

발전/변형

1) 각 참여자에게 모자를 하나씩 준다. 눈이 마주친 사람은 자리를 바꾸면서 모자를 바꿔 쓴다.
2) "1, 2, 3" 이후에 자리를 바꾸는 사람들은 "하마"라고 외치고, 움직이지 않는 사람은 "코뿔소"라고 외친다.

* 참여자 스스로 자리를 바꾸는 다양한 방법을 찾도록 유도한다(신발 바꿔신기, 하이파이브…).

표	
초점	창조성 ☑ 기술 ☑ 통찰 ☐
모둠	전체 ☑ 2 ☐ 3 ☐ 4 ☐ 5 ☐
시간	5-10분 ☑ 10-15분 ☐ 15-20분 ☐
불안 정도	상 ☐ 중 ☐ 하 ☑
음악	도움이 된다 ☐ 적합하지 않다 ☑
역할 연기	역할 연기에 도움 ☐

게임

I. 협동

6. 오렌지

이 게임은 빅토리아 시대의 파티에서 유래된 것이다. 신체 접촉이 많은 활동으로, 새로운 집단에서는 사용하지 않는 것이 좋다.

오렌지를 턱 밑에 단단히 끼우고, 손을 쓰지 않고 다른 사람에게 전달한다.

원 모양으로 서서 오렌지를 떨어뜨리지 않고 옆 사람에게 전달한다.

발전/변형

두 모둠으로 나누어 어느 편이 더 빨리 전달하는지 겨루어 본다.

주의: 지나치게 경쟁적인 분위기로 흐르지 않도록 유의한다.

표	
초점	창조성 ☑ 기술 ☐ 통찰 ☐
모둠	전체 ☑ 2 ☐ 3 ☐ 4 ☐ 5 ☐
시간	5-10분 ☑ 10-15분 ☐ 15-20분 ☐
불안 정도	상 ☐ 중 ☑ 하 ☐
음악	도움이 된다 ☐ 적합하지 않다 ☑
역할 연기	역할 연기에 도움 ☐

게임

I. 협동

7. 단어 짝 찾기

사전에 짝을 이루는 단어 카드를 준비한다.

예: | 라면 | + | 김치 |　　　| 엄마 | + | 아빠 |

단어는 참여자가 모두 이해할 수 있는 쉬운 것이어야 한다. 게임에
앞서, 움직임과 화술 웜업이 필요하다. 카드를 섞어 한 장씩 나누어
가진 후, 동시에 단어를 외치면서 자신의 짝을 찾는다.

발전/변형

1) 반대말로 해본다.

예: | 추운 | + | 더운 |　　　| 더러운 | + | 깨끗한 |

2) 말하지 않고 몸으로 표현한다. (분위기가 다소 산만해질 수 있다.)
3) 참여자 스스로 단어 카드를 만들어 본다.

표	
초점	창조성 ☑ 기술 ☑ 통찰 ☐
모둠	전체 ☑ 2 ☑ 3 ☐ 4 ☐ 5 ☐
시간	5-10분 ☑ 10-15분 ☐ 15-20분 ☐
불안 정도	상 ☐ 중 ☑ 하 ☐
음악	도움이 된다 ☐ 적합하지 않다 ☑
역할 연기	역할 연기에 도움 ☑

게임

I. 협동

8. 트라이앵글

이 게임을 하기 전에 화술 훈련으로 웜업을 하는 것이 좋다. 3명이 한 모둠이 되어 3개가 한 묶음을 이루는 단어를 찾는다. 예: "눈, 코, 입." 다른 사람이 알 수 있도록 그 단어를 마임으로 표현한다. 천지인天地人, 초중고初中高와 같이 몸으로 표현하기 어려운 단어들도 포기하지 않고 끝까지 표현할 수 있도록 격려한다. 이 게임은 참여자의 사고와 행동을 자극하는 동시에 짝을 지어 하는 활동보다 더 큰 유연성을 발휘할 수 있도록 한다.

* 원래 이 게임은 세 단어를 묶어 새로운 의미의 관용구가 되는 예를 찾는 것이다. 영어권 내에서는 이런 경우가 흔하지만(원문의 예: lock, stock and barrel은 각각 총의 안전장치, 개머리, 총열의 의미가 있으며, 함께 쓰면 '총의 각 부분 모두'를 칭하여 '완전히,' '전부'라는 의미로도 쓰인다), 우리말에는 그런 예가 드물기 때문에 위와 같이 활동을 수정하였다. 참고로 우리말에는 사자성어가 많으므로 모둠의 인원과 단어의 수를 넷으로 하는 것이 좋다. 예: 문방사우文房四友, 매란국죽梅蘭菊竹….

표	
초점	창조성 □ 기술 ☑ 통찰 □
모둠	전체 □ 2 □ 3 ☑ 4 □ 5 □
시간	5-10분 □ 10-15분 ☑ 15-20분 □
불안 정도	상 □ 중 ☑ 하 □
음악	도움이 된다 □ 적합하지 않다 ☑
역할 연기	역할 연기에 도움 ☑

게임

II. 경쟁

9. 여우와 양

이 게임은 빠른 반응을 요구하며, 충분한 설명이 필요하다. 때에 따라서는 연습을 해볼 수도 있다.

작은 쿠션이나 가벼운 공을 준비한다. 한 사람이 여우가 되고 나머지는 양이 된다. 여우가 양을 잡는 방법은 쿠션을 양의 가슴에 안겨주는 것이다. 잡히지 않으려면 양들은 서로 마주보고 서면 된다. 그러나 양들은 셋을 셀 동안만 이 자세를 유지할 수 있고, 그런 다음에는 다시 도망가야 한다. 진행자가 손뼉이나 북으로 셋을 세어 준다.

발전/변형

1) 쿠션이나 방석을 바닥에 늘어놓는다. 양이 그 위에 올라가면 잡을 수 없다. 그러나 셋을 센 후에는 움직여야 한다.

표	
초점	창조성 ☑ 기술 ☑ 통찰 ☐
모둠	전체 ☑ 2 ☐ 3 ☐ 4 ☐ 5 ☐
시간	5-10분 ☐ 10-15분 ☑ 15-20분 ☐
불안 정도	상 ☐ 중 ☐ 하 ☑
음악	도움이 된다 ☐ 적합하지 않다 ☑
역할 연기	역할 연기에 도움 ☐

게임

II. 경쟁

10. 진창에 빠졌다

한 사람이 술래가 되면, 다른 사람은 흩어져 도망다닌다. 누군가 술래에게 잡히면, 그 사람은 "진창에 빠졌다"라고 외치며 정지한다. 다른 사람이 그의 다리 사이를 통과해야 풀려날 수 있다. 술래의 목표는 모든 사람을 진창에 빠뜨리는 것이다.

주의: 만일 인원이 많다면, 술래가 두 명이어도 좋다.

* '얼음, 땡'과 비슷한 놀이이다. 그러나 도망가는 사람은 술래에게 잡히기 전에 '얼음'이라고 외치며 정지해야 하고, 나머지 사람이 '땡'이라는 소리와 함께 '얼음'을 터치해야 풀려나서 계속 도망 다닐 수 있다. 술래의 목적은 모두 얼음을 만드는 것이다.

표	
초점	창조성 ☐ 기술 ☐ 통찰 ☑
모둠	전체 ☑ 2 ☐ 3 ☐ 4 ☐ 5 ☐
시간	5-10분 ☐ 10-15분 ☐ 15-20분 ☑
불안 정도	상 ☐ 중 ☐ 하 ☑
음악	도움이 된다 ☐ 적합하지 않다 ☑
역할 연기	역할 연기에 도움 ☐

게임

II. 경쟁

11. 장애물 술래잡기

술래잡기의 일종이다. 올라설 수 있는 여러 가지 장애물 — 후프, 쿠션, 단 등 — 을 바닥에 흩어놓는다. 사람들이 장애물 위에 올라서면 술래가 잡을 수 없다. 그러나 셋만을 세고 다시 내려와서 움직여야 한다.

* 조금 더 입체적인 장애물, 의자, 상자 등을 활용할 수 있다.

발전/변형

1) 둘씩 짝지어 해본다.
2) 장애물을 한두 개만 두고 한 번에 한 사람만 올라설 수 있게 한다.

표	
초점	창조성 ☐ 기술 ☐ 통찰 ☑
모둠	전체 ☑ 2 ☐ 3 ☐ 4 ☐ 5 ☐
시간	5-10분 ☐ 10-15분 ☐ 15-20분 ☑
불안 정도	상 ☐ 중 ☐ 하 ☑
음악	도움이 된다 ☐ 적합하지 않다 ☑
역할 연기	역할 연기에 도움 ☐

게임

III. 집중

12. 할머니 모르게

이 활동은 집중력과 조정 능력을 계발케 한다.

한 사람을 할머니로 정한다. 할머니는 방 구석에서 벽을 바라보고 서 있다. 나머지 사람들은 뒤에서 할머니를 향해 살금살금 다가간다. 그리고 할머니의 등을 치면 성공하는 것이다. 이때 할머니는 몇 초 간격으로 돌아보며 움직이는 사람을 잡아낸다. 할머니가 뒤돌아보면 모든 사람들은 그대로 "얼음"이 되어야 한다. 이때 움직인 사람은 탈락하게 된다.

들키지 않고 가장 먼저 할머니의 등을 친 사람이 다시 할머니가 된다.

* 도중에 걸린 사람은 출발선으로 되돌아가서 게임을 다시 시작할 수 있다.
"무궁화 꽃이 피었습니다"와 매우 유사한 게임이다.

표	
초점	창조성 ☐ 기술 ☐ 통찰 ☑
모둠	전체 ☑ 2 ☐ 3 ☐ 4 ☐ 5 ☐
시간	5-10분 ☐ 10-15분 ☐ 15-20분 ☑
불안 정도	상 ☐ 중 ☐ 하 ☑
음악	도움이 된다 ☐ 적합하지 않다 ☑
역할 연기	역할 연기에 도움 ☐

게임

III. 집중

13. 늑대야, 몇 시니?

이 게임은 앞의 활동과 원리가 같다. 한 사람이 늑대가 되고, 남은 사람들은 살금살금 그에게 다가간다. 앞으로 가면서 "늑대야, 몇 시니?" 하고 물으면, 늑대는 시간을 마음대로 말한다. 사람들이 가까이 오면, 늑대는 "열두 시. 너를 잡아먹을 시간이다!"라고 외치면서 점심거리가 될 사람을 쫓아가 잡는다.

이 게임은 집중과 빠른 반응을 요구한다. 잡힌 사람이 새로운 늑대가 되어 게임을 다시 시작한다.

* 늑대가 마지막 시간(12시)을 말하기 전까지 뒤를 돌아보지 않는 것이 게임의 긴장감을 더 높일 수 있다.

표	
초점	창조성 ☐ 기술 ☐ 통찰 ☑
모둠	전체 ☑ 2 ☐ 3 ☐ 4 ☐ 5 ☐
시간	5-10분 ☐ 10-15분 ☑ 15-20분 ☐
불안 정도	상 ☐ 중 ☐ 하 ☑
음악	도움이 된다 ☐ 적합하지 않다 ☑
역할 연기	역할 연기에 도움 ☐

게임

IV. 추측 / 기억

14. 내가 찾는다

원 모양으로 둘러앉는다. 수준은 집단의 능력에 따라 조절할 수 있다. 한 사람이 그 공간 안에 있는 사람이나 사물을 하나 마음속으로 정하고 그 이름의 첫 자음을 말한다.

"나는 ~로 시작하는 어떤 것을 찾는다."

나머지 사람들은 술래가 선택한 것이 무엇인지 추측한다. 맞춘 사람이 다음 술래가 된다.

발전/변형

참여자들 스스로 게임을 변형하도록 한다. 예를 들면, 실마리로 단어의 끝 글자를 주거나, 몸으로 글자를 표현할 수도 있다. 규칙을 쉽거나 어렵게 조절한다.

* 우리말에서는 마지막 자음을 말할 때 초성인지 종성인지 밝혀 주어야 한다.

표	
초점	창조성 ☐ 기술 ☐ 통찰 ☑
모둠	전체 ☑ 2 ☐ 3 ☐ 4 ☐ 5 ☐
시간	5-10분 ☐ 10-15분 ☑ 15-20분 ☐
불안 정도	상 ☐ 중 ☐ 하 ☑
음악	도움이 된다 ☐ 적합하지 않다 ☑
역할 연기	역할 연기에 도움 ☑

게임

IV. 추측 / 기억

15 휴일 날의 쇼핑

이것은 재미있는 기억력 게임이다. 먼저 진행자는 진행 방식을 자세히 설명한다.

한 사람이 "나는 휴일에 ~에 갔었고 ~를 샀어"라는 문장으로 시작하면, 다음 사람이 그 말을 반복해서 말하고 쇼핑한 다른 물품을 추가한다. 예: "나는 그리스에 가서 올리브를 사고 (연극 가면을 샀어)."

세 번째 사람은 다른 물건을 추가한다. 각 물건은 첫 번째 사람이 선택한 나라와 모두 관련이 있어야 한다.

발전/변형

1) 매번 다른 나라와 물건으로 해본다.

2) 각 나라에서 아주 "엉뚱한" 물건을 산다.

3) 같은 자음으로 시작되는 나라와 물건을 찾아본다. 예를 들면, "덴마크"에서 "다리미," "이태리"에서 "이쑤시개" 등.

표	
초점	창조성 ☐ 기술 ☐ 통찰 ☑
모둠	전체 ☑ 2 ☐ 3 ☐ 4 ☐ 5 ☐
시간	5-10분 ☐ 10-15분 ☑ 15-20분 ☑
불안 정도	상 ☐ 중 ☐ 하 ☑
음악	도움이 된다 ☐ 적합하지 않다 ☑
역할 연기	역할 연기에 도움 ☑

게임

IV. 추측 / 기억

16. 열기구

네 사람을 뽑아 열기구에 태운다. 이들은 각각 유명한 의사, 성직자, 정치가, 예술가의 역할을 맡는다.

진행자는 이들에게 열기구가 빠르게 하강하고 있으며, 한 사람이 뛰어내리지 않으면 모두 죽을 것이라고 설명한다. 이들 네 사람은 자신이 열기구에 남아야 하는 이유를 강력히 주장해야 한다.

네 명의 말을 모두 듣고 난 후, 남은 사람들은 누구의 주장이 가장 설득력이 있으며, 그 이유는 무엇인지 말한다.

표	
초점	창조성 ☐ 기술 ☑ 통찰 ☑
모둠	전체 ☑ 2 ☐ 3 ☐ 4 ☐ 5 ☐
시간	5-10분 ☐ 10-15분 ☐ 15-20분 ☑
불안 정도	상 ☑ 중 ☐ 하 ☐
음악	도움이 된다 ☐ 적합하지 않다 ☑
역할 연기	역할 연기에 도움 ☑

게임

IV. 추측 / 기억

17 감정 입히기

먼저 속담이나 운율이 있는 문장을 하나 선택한다. 예: "까마귀 날자 배 떨어진다," "우리 집 강아지는 복슬 강아지."

진행자는 미리 감정 카드를 준비해 놓는다. 예: "행복하게, 고상하게, 사납게, 소심하게" 등.

다음, 모둠으로 나누어 각각 대표 한 사람씩을 뽑는다. 진행자는 모둠의 대표에게 감정 카드를 한 장씩 준다. 대표가 제시된 카드의 감정으로 정해진 문장을 말하면, 나머지 사람은 그 감정을 맞춘다.

답을 맞출 때마다 대표를 바꾸며, 준비된 감정 카드를 모두 가장 빨리 맞춘 모둠이 승리한다. 이 게임을 하기 위해서는 의사소통이 아주 정확하게 이루어져야 한다.

표	
초점	창조성 ☑ 기술 ☑ 통찰 ☐
모둠	전체 ☑ 2 ☐ 3 ☐ 4 ☑ 5 ☑
시간	5-10분 ☐ 10-15분 ☑ 15-20분 ☑
불안 정도	상 ☐ 중 ☑ 하 ☐
음악	도움이 된다 ☐ 적합하지 않다 ☑
역할 연기	역할 연기에 도움 ☑

게임

V. 개념

18 막대 변형

먼저 적당한 길이의 봉이나 막대기를 준비한다. 모두 원 모양으로 둘러앉아(혹은 서서) 돌아가면서 한 사람씩 막대기를 가지고 여러 가지 사물을 표현한다. 나머지 사람은 그것이 무엇인지 맞힌다. 예: 숟가락, 피리, 요술봉 등.

만일 표현한 사물을 쉽게 맞히지 못한다면, 좀 더 자세히 표현할 수 있도록 격려한다.

발전/ 변형

1) 봉을 아주 작거나 큰 사물로 변형시켜 본다.
2) 사람이나 동물과 연관된 어떤 것으로 변형시켜 본다.

표	
초점	창조성 ☑ 기술 ☑ 통찰 ☐
모둠	전체 ☑ 2 ☐ 3 ☐ 4 ☐ 5 ☐
시간	5-10분 ☐ 10-15분 ☑ 15-20분 ☐
불안 정도	상 ☐ 중 ☐ 하 ☑
음악	도움이 된다 ☐ 적합하지 않다 ☑
역할 연기	역할 연기에 도움 ☐

게임

V. 개념

19 사물 변형

전체가 원 모양으로 둘러앉는 것이 이상적이다. 진행자가 먼저 시범을 보여도 좋다. 가능한 한 참여자가 독창적으로 상상할 수 있도록 이끈다.

원의 중심에 쿠션, 의자 또는 다른 사물을 놓고, 한 사람씩 돌아가면서 마임을 통해 다른 사물로 변형한다. 예: TV 수상기, 바가지, 샤워기.

다른 사람들은 무엇으로 변형되었는지 맞힌다.

발전/변형

1) 짝을 지어 어떤 사물에 대해, 또는 그 사물을 가지고 해볼 수 있다.
2) 부엌에 있는 것, 또는 살아 있는 것 등으로 사물의 변형 범위를 제안할 수 있다.

표	
초점	창조성 ☑ 기술 ☑ 통찰 ☐
모둠	전체 ☑ 2 ☐ 3 ☐ 4 ☐ 5 ☐
시간	5-10분 ☐ 10-15분 ☑ 15-20분 ☐
불안 정도	상 ☐ 중 ☐ 하 ☑
음악	도움이 된다 ☐ 적합하지 않다 ☑
역할 연기	역할 연기에 도움 ☐

게임

V. 개념

20 상상으로 사물 전달하기

원 모양으로 둘러서서, 한 사람이 먼저 마임으로 어떤 사물을 표현하면 다른 사람들이 무엇인지 맞히고, 그런 다음 다른 사람에게 전달한다. 전달받은 사람은 그것을 다른 사물로 변형한다. 모두 한 번씩 해보되, 실제 사물을 주고받듯이 정교하게 표현해야 한다.

주의: 누가 마임을 잘한다는 등의 경쟁적인 분위기로 흐르지 않도록 주의한다.

표	
초점	창조성 ☑ 기술 ☑ 통찰 ☐
모둠	전체 ☑ 2 ☐ 3 ☐ 4 ☐ 5 ☐
시간	5-10분 ☐ 10-15분 ☑ 15-20분 ☐
불안 정도	상 ☐ 중 ☐ 하 ☑
음악	도움이 된다 ☐ 적합하지 않다 ☑
역할 연기	역할 연기에 도움 ☐

게임

V. 개념

21 하나 되기

진행자는 "도우미"를 두 사람 뽑아서, 나머지 사람들이 과제를 잘 수행하고 있는지 관찰한다.

　진행자는 네 가지 과제를 부여하고, 이를 처음에는 혼자서, 다음에는 짝을 지어, 그리고 네 명씩, 마지막에는 다 함께 수행하도록 한다. 동작이 완벽하게 일치하지 않으면 과제를 처음부터 다시 수행해야 한다.

　진행자는 이를 위해 먼저 기본 규칙을 세우고 진행 방법을 자세히 설명한다. 일단 게임이 시작되면 결말이 날 때까지 계속해야 하고, 과제 수행에 필요한 말 이외에는 삼가도록 한다.

예: 제자리걸음 열 번 → 바닥치기 → 〈반짝반짝 작은 별〉 노래 첫 소절 부르기 → "삶이란 ~이다"라는 문장 완성하기.
마지막 과제는 함께하는 사람들이 의논해서 정하도록 한다.

표	
초점	창조성 ☐ 기술 ☑ 통찰 ☑
모둠	전체 ☑ 2 ☑ 3 ☐ 4 ☑ 5 ☐
시간	5-10분 ☐ 10-15분 ☐ 15-20분 ☑
불안 정도	상 ☑ 중 ☐ 하 ☐
음악	도움이 된다 ☐ 적합하지 않다 ☑
역할 연기	역할 연기에 도움 ☐

게임

V. 개념

22 유유상종

이 게임은 "자신과 타인"에 대해서 좀 더 명확한 인식을 갖도록 해 준다. 웜업으로 12, 13, 16번을 하는 것이 좋다.

참여자는 흩어져서 "얼음"이 된다.

그리고 나서 백조, 거위, 펭귄 중 하나를 선택하여, 마치 그 새가 된 것처럼 온 몸을 사용해서 돌아 다닌다. 2분 후에 진행자가 신호를 하면 같은 새들끼리 모여 함께 돌아다닌다.

다른 동물로도 해볼 수 있다. 예를 들어, 개똥지빠귀, 참새, 굴뚝새/기린, 낙타, 라마/코뿔소, 하마, 코끼리.

동물의 움직임을 좀 더 정교하게 재현하도록 격려한다.

발전/ 변형

1) 여우, 늑대, 사냥개로 나누어, 움직임에 소리를 덧붙여 본다.
2) 동물들의 차이점과 공통점에 대해 이야기한다.

표	
초점	창조성 ☑ 기술 ☐ 통찰 ☐
모둠	전체 ☑ 2 ☐ 3 ☐ 4 ☐ 5 ☑
시간	5-10분 ☐ 10-15분 ☐ 15-20분 ☑
불안 정도	상 ☑ 중 ☑ 하 ☐
음악	도움이 된다 ☐ 적합하지 않다 ☑
역할 연기	역할 연기에 도움 ☑

게임

V. 개념

23 끼리끼리

이 게임을 하기 전에 웜업으로 2, 3, 5번을 하는 것이 좋다.

참여자는 자기 이름의 첫 자음을 말하면서 돌아다닌다. 처음에는 아주 작게 시작해서 점점 소리를 키워 마지막에는 자기가 낼 수 있는 가장 큰 소리로 외친다. 그동안 같은 자음끼리 모인다. 이때 같은 자음이 없어 혼자 남은 사람들이 있으면, 그 사람들끼리 한 모둠을 이루어 이름 이외의 다른 공통점을 찾아본다. 예: 생일이나 신체 특징 등.

각 모둠별로 공통점을 다섯 개씩 찾는다. 마지막으로 공통점을 전체와 연관 짓는다.

발전/ 변형

1) 모둠의 공통점을 전체에게 마임으로 보여 준다.
2) 공통점을 움직임과 함께 즉흥적인 리듬으로 노래할 수도 있다.

표	
초점	창조성 ☑ 기술 ☑ 통찰 ☐
모둠	전체 ☑ 2 ☑ 3 ☑ 4 ☑ 5 ☑
시간	5-10분 ☑ 10-15분 ☐ 15-20분 ☐
불안 정도	상 ☐ 중 ☑ 하 ☐
음악	도움이 된다 ☐ 적합하지 않다 ☑
역할 연기	역할 연기에 도움 ☑

게임

V. 개념

24 킬러의 윙크

움직임은 별로 없으나 집중이 요구되는 흥미진진한 놀이이다.

"범인 찾기" 놀이의 웜업으로도 아주 좋다. 또한 클루도Cluedo 같은 다양한 탐정 보드 게임을 시작하는 데 준비 과정으로 활용할 수 있다. "자, 우리만의 탐정 이야기를 만들어 볼까요?"라는 식이다.

전체가 원 모양으로 둘러앉고, 한 사람이 탐정이 된다. 탐정이 뒤로 돌아앉아 있거나 잠시 방을 나가 있는 동안, 참여자 중 한 사람이 범인이 된다. 탐정의 임무는 범인을 찾는 것이다.

탐정이 들어오면 범인은 탐정 몰래 윙크를 통해 사람들을 죽이기 시작한다. 이 게임을 반복할수록 추리력이 향상된다.

표	
초점	창조성 ☑ 기술 ☑ 통찰 ☐
모둠	전체 ☑ 2 ☐ 3 ☐ 4 ☐ 5 ☐
시간	5-10분 ☐ 10-15분 ☑ 15-20분 ☐
불안 정도	상 ☐ 중 ☐ 하 ☑
음악	도움이 된다 ☐ 적합하지 않다 ☑
역할 연기	역할 연기에 도움 ☐

게임

VI. 공동체

25 동네 만들기

진행자는 필요한 재료들을 가까운 곳에 비치한다.

사람들은 둘러앉아서 정해진 시간(20-30분) 안에 주어진 재료를 가지고 협력하여 공동체나 마을을 만든다. 준비된 재료를 모두 사용해도 좋고 일부만 사용해도 좋다. 이 게임을 하다 보면 자연스럽게 의견을 절충하고 하나로 모으는 과정을 거친다.

다음과 같은 재료를 준비한다. 찰흙, 모래, 신문지, 가위, 풀, 끈, 실, 여분의 조개나 돌, 장난감, 동물 인형 등.

발전/ 변형

말을 사용하지 않도록 하여 게임의 난이도를 높일 수 있다.

표	
초점	창조성 ☑ 기술 ☑ 통찰 ☑
모둠	전체 ☑ 2 ☐ 3 ☐ 4 ☐ 5 ☑
시간	5-10분 ☐ 10-15분 ☑ 15-20분 ☑
불안 정도	상 ☑ 중 ☐ 하 ☐
음악	도움이 된다 ☐ 적합하지 않다 ☑
역할 연기	역할 연기에 도움 ☑

게임

VI. 공동체

26 살아남기

전체가 둘로 나뉘어, 공간의 양쪽에 자리한다.

진행자는 공간을 설명한다. 한 모둠은 농사를 짓고 산다. 다른 모둠은 깊은 숲 속에 살며, 이곳에는 보물이 숨겨져 있다. 두 지역 사이에는 급류가 흐르는 강이 있다. 두 집단은 서로 다른 언어를 사용하며, 상대 언어를 이해하지 못한다.

이들은 어떻게든 살아남아야 하며, 서로 공존해야 한다. 교류를 시도할지 말지는 선택할 수 있다.

상상을 돕기 위해, 상자, 신문지, 풀, 테이프 등을 사용할 수 있다.

주의: 집중도를 높이기 위해 집단에 따라 20-45분 정도의 시간제한을 둔다.

표	
초점	창조성 ☑ 기술 ☑ 통찰 ☑
모둠	전체 ☑ 2 ☐ 3 ☐ 4 ☐ 5 ☑
시간	5-10분 ☐ 10-15분 ☐ 15-20분 ☑
불안 정도	상 ☑ 중 ☐ 하 ☐
음악	도움이 된다 ☐ 적합하지 않다 ☑
역할 연기	역할 연기에 도움 ☑

게임

VI. 공동체

27 탈출 계획

이 게임은 즉흥극으로 나아가는 "다리" 역할을 한다. 진행자는 다음의 지시 내용을 참여자에게 분명하게 설명한다. 사람들은 넓은 숲 한가운데 있는 오두막에 갇혀 있으며, 식량은 바닥난 상태이고, 이곳에 머무는 것은 점점 위험해지고 있다고 상상한다.

자유를 찾기 위해서는 다음과 같은 장애물을 극복해야 한다.

① 오두막에서 탈출하라

② 6미터 높이의 바리케이드를 넘어라.

③ 날카로운 가시가 있는 철조망을 뛰어넘어라

④ 강을 건너라

⑤ 깊은 숲을 통과하라

⑥ 말라리아가 만연한 늪지를 건너라

탈출에 유용한 세 가지 도구를 논의한다. 여러 가지를 생각할 수 있으나, 마법이나 레이저 빔, 헬리콥터 같은 것은 허용되지 않는다.

표	
초점	창조성 ☑ 기술 ☑ 통찰 ☑
모둠	전체 ☐ 2 ☐ 3 ☐ 4 ☐ 5 ☑
시간	5-10분 ☐ 10-15분 ☐ 15-20분 ☑
불안 정도	상 ☑ 중 ☐ 하 ☐
음악	도움이 된다 ☐ 적합하지 않다 ☑
역할 연기	역할 연기에 도움 ☑

게임

VI. 공동체

28 탈출 감행

이 가상 놀이를 위해, 27번 "탈출 계획"을 먼저 할 수도 있다.

사람들은 현실 가능한 탈출 계획을 짜고, 몇 가지 결정을 한다. 의자 같은 부피가 큰 사물들을 이용하여 최대한 실제처럼 탈출을 감행한다.

탈출 후에 각자의 경험을 나누면서 마무리할 수 있다.

· 낙오된 사람이 있었는가?

· 무엇이 가장 힘들었는가?

· 좀 더 쉬운 방법이 있었을까?

· 각자 자유를 얻었을 때 가장 좋았던 것은 무엇이었는가?

표	
초점	창조성 ☑ 기술 ☑ 통찰 ☑
모둠	전체 ☐ 2 ☐ 3 ☐ 4 ☐ 5 ☑
시간	5-10분 ☐ 10-15분 ☐ 15-20분 ☑
불안 정도	상 ☑ 중 ☐ 하 ☐
음악	도움이 된다 ☐ 적합하지 않다 ☑
역할 연기	역할 연기에 도움 ☑

게임

VI. 공동체

29 탈출 지도

탈출 시리즈의 변형의 하나로서, 전지, 칼라 펜, 크레용 등을 준비한다.

시작은 27번 "탈출 계획"과 같다.

먼저 모둠별로 탈출 경로와 세부 사항을 논의한다. 전지에 탈출 계획을 지도로 만든다. 탈출 과정에서 마주칠 수 있는 식물이나 동물들을 그려 넣을 수도 있다. 지도가 완성되면, 전체가 모여 각 모둠의 지도를 비교하면서 각 모둠의 결정을 논의할 수도 있다.

발전/변형

1) 감옥에서의 탈출 경로를 지도로 그려본다.

표	
초점	창조성 ☑ 기술 ☐ 통찰 ☑
모둠	전체 ☑ 2 ☐ 3 ☐ 4 ☐ 5 ☑
시간	5-10분 ☐ 10-15분 ☐ 15-20분 ☑
불안 정도	상 ☑ 중 ☑ 하 ☐
음악	도움이 된다 ☐ 적합하지 않다 ☑
역할 연기	역할 연기에 도움 ☐

게임

VI. 공동체

30 탈출 회상

각자 아주 오래 전의 힘들고 위험했던 탈출 과정을 회상하는 가상 현실 게임이다.

시작은 27번 "탈출 계획"과 같다. 핵심적인 계획과 결정을 내리고 나면, 참여자는 각자 눈을 감고 30년쯤 뒤의 자기 모습을 상상한다. 이때 진행자는 이야기를 발전시켜 나갈 수 있도록 다음과 같은 말로 참여자를 안내한다. "손자들이 앞에 있다고 상상하고 얘기해 보세요. 옛날 옛날에….."

발전/변형

해적선에서 탈출하는 과정을 만들어 본다.

표	
초점	창조성 ☐ 기술 ☐ 통찰 ☑
모둠	전체 ☑ 2 ☐ 3 ☐ 4 ☐ 5 ☑
시간	5-10분 ☐ 10-15분 ☑ 15-20분 ☑
불안 정도	상 ☑ 중 ☐ 하 ☐
음악	도움이 된다 ☐ 적합하지 않다 ☑
역할 연기	역할 연기에 도움 ☐

즉흥극과 역할 연기

I. 역할 연기 준비

1. 다양한 걸음걸이

역할 연기를 위해 참여자는 다양한 움직임과 폭넓은 소리 영역을 탐험해 보는 것이 좋다. 이 활동의 웜업으로 20번 "걷기"를 활용할 수 있다.

진행자는 다음과 같은 상황을 상상한 후 시연한다. "다음의 상황이라면 어떻게 걸을까?"

예: 나이가 들었다, 이제 막 걸음마를 시작했다, 하이힐을 신었다, 부츠를 신었다, 슬리퍼를 신었다, 새 구두를 신었다, 수레를 끌고 있다, 무거운 바구니를 옮기고 있다, 앞에 무서운 개가 있다.

"이런 곳에서는 어떻게 걸을까?"

예: 진흙, 자갈밭, 빙판, 밀밭, 낙엽, 얕은 개울물.

표	
초점	창조성 ☑ 기술 ☐ 통찰 ☑
모둠	전체 ☑ 2 ☐ 3 ☐ 4 ☐ 5 ☐
시간	5-10분 ☑ 10-15분 ☑ 15-20분 ☑
불안 정도	상 ☐ 중 ☐ 하 ☑
음악	도움이 된다 ☐ 적합하지 않다 ☑
역할 연기	역할 연기에 도움 ☑

즉흥극과 역할 연기

I. 역할 연기 준비

2. 다양한 앉기

1번과 같은 방법으로 진행된다. 원 모양으로 의자에 둘러앉은 후, 앉는 방법을 다양하게 상상한다.

　"다음의 상황이라면 어떻게 앉아 있을까?"

　예: 인터뷰 때문에 긴장하고 있다, 사람들이 내게 말을 걸지 않았으면 좋겠다, 터져 나오려는 웃음을 참고 있다, 병원에 가는 것이 걱정이다, 주사 맞기가 두렵다, 꾸벅꾸벅 졸고 있다, 나는 데모에 참여하고 있으며 변화가 싫다.

표					
초점	창조성 ☑	기술 ☐	통찰 ☑		
모둠	전체 ☑	2 ☐	3 ☐	4 ☐	5 ☐
시간	5-10분 ☑	10-15분 ☐	15-20분 ☑		
불안 정도	상 ☐	중 ☐	하 ☑		
음악	도움이 된다 ☐	적합하지 않다 ☑			
역할 연기	역할 연기에 도움 ☑				

즉흥극과 역할 연기

I. 역할 연기 준비

3. 다양한 감정

I부(42쪽)에서 설명한 "감정" 카드를 미리 준비한다.

카드를 한 장씩을 나누어 주고 카드에 적힌 감정(예: 화난 사람, 사랑에 빠진 사람, 사기당한 사람)의 세세한 부분까지 상상한다.

표현하고자 하는 인물의 나이, 입고 있는 옷, 지금 있는 곳 등의 상세한 정보를 함께 논의하는 것이 좋다.

이외에도 움직임과 소리 관련 활동들을 역할 연기를 위한 사전 준비 단계로 사용할 수 있다. 관련 활동을 다양한 방식으로 활용하면, 다양한 자극에 반응하고 역할에 따라 소리와 움직임을 바꿀 수 있는 폭넓은 자기 계발의 기회를 갖게 된다.

표	
초점	창조성 ☑ 기술 ☐ 통찰 ☑
모둠	전체 ☑ 2 ☐ 3 ☐ 4 ☐ 5 ☐
시간	5-10분 ☐ 10-15분 ☑ 15-20분 ☑
불안 정도	상 ☐ 중 ☑ 하 ☐
음악	도움이 된다 ☐ 적합하지 않다 ☑
역할 연기	역할 연기에 도움 ☑

즉흥극과 역할 연기

I. 역할 연기 준비

4. 다양한 인물

3번과 같이, "감정" 카드를 미리 준비한다(웜업 32번 참조).

카드를 한 장씩 고르면, 적혀 있는 감정의 인물이 된다. 예: 화가 난 우체부, 지쳐 있는 선생님, 활기 있는 목사, 짜증내고 있는 목수 등.

각각의 인물로서 몇 번 연습한 후, 즉흥극으로 장면을 발전시킬 수 있다. 잠시 연습을 한 후, 다른 모둠 앞에서 시연할 수도 있다.

표	
초점	창조성 ☑ 기술 ☐ 통찰 ☑
모둠	전체 ☑ 2 ☐ 3 ☑ 4 ☑ 5 ☐
시간	5-10분 ☐ 10-15분 ☑ 15-20분 ☑
불안 정도	상 ☐ 중 ☑ 하 ☐
음악	도움이 된다 ☐ 적합하지 않다 ☑
역할 연기	역할 연기에 도움 ☑

즉흥극과 역할 연기

I. 역할 연기 준비

5. 움직이는 바다

이 활동에 앞서, 진행자는 '바다'라는 주제로 사건보다는 이미지에 초점을 맞추어 이야기를 시작한다(즉, 바닷가에 갔을 때, 어떤 일이 일어났는가보다는 바다의 색깔, 느낌, 움직임에 대해 이야기한다).

음악(예: 핑갈의 동굴)을 사용하여 움직임을 발전시킨다. 부드러운 웜업으로 시작하여 몸 전체로 움직임을 확장시킬 수 있다. 모둠으로 나누어 개별적인 움직임에 집중하다가 상대 모둠과 만나 대비(예: 작은 파도와 큰 파도, 그리고 거대한 파도)를 이룰 수 있다.

끝으로 모든 움직임을 한데 모아 바다라는 하나의 "조각"을 만들 수 있다.

발전/변형

특별한 분위기를 만들기 위해서 바다 관련 시(예: Sea Fever / The Ancient Mariner)를 음악 대신 사용할 수 있다.

표	
초점	창조성 ☑ 기술 ☐ 통찰 ☑
모둠	전체 ☑ 2 ☑ 3 ☑ 4 ☑ 5 ☑
시간	5-10분 ☑ 10-15분 ☑ 15-20분 ☑
불안 정도	상 ☐ 중 ☑ 하 ☑
음악	도움이 된다 ☑ 적합하지 않다 ☐
역할 연기	역할 연기에 도움 ☐

즉흥극과 역할 연기

I. 역할 연기 준비

6. 바다 속에는 무엇이 있나

웜업에 이어서 '바다 속에는 무엇이 있나'를 상상한다. 그림이나 포스터를 이용할 수도 있다.

바다 속에는 어떤 생물들이 살고 있는지 살펴본 후, 움직임으로 표현하고 싶은 생물을 하나씩 선택한다. 예: 게, 갈치, 돌고래, 해삼, 말미잘 등.

그런 다음 둘 혹은 셋이 모여서 해초류, 문어 등을 움직임으로 표현한다. 이미 다른 모둠이 산호초를 만들었다면, 그 사이를 왔다갔다 하는 작은 물고기 떼를 표현할 수도 있다. 마지막에는 움직임을 모두 모아 음악이나 음향을 사용하여 수중 장면을 만든다.

표	
초점	창조성 ☑ 기술 ☐ 통찰 ☑
모둠	전체 ☑ 2 ☐ 3 ☑ 4 ☑ 5 ☐
시간	5-10분 ☑ 10-15분 ☑ 15-20분 ☑
불안 정도	상 ☐ 중 ☑ 하 ☐
음악	도움이 된다 ☑ 적합하지 않다 ☐
역할 연기	역할 연기에 도움 ☐

즉흥극과 역할 연기

I. 역할 연기 준비

7. 해변에서

해변의 추억이나 인상을 이야기한다. 좋았거나 나빴던 경험, 어느 것이라도 좋다. 예: 여름 휴가, 보트 타기, 해변 가요제, 조개 구이/ 모기 물린 일, 길 잃어버린 일, 괴팍한 민박집 주인에 대한 기억 등.
　해변에서 벌어진 이야기를 바탕으로 하여, 즉흥 장면을 만든 다. 생생한 삶이 묻어 있는 즉흥 장면은 "부둣가에서…"와 같은 제 목의 즉흥극으로 발전시킬 수 있다.

발전/변형

1) 재미있었거나 위험했던 장면을 즉흥극으로 꾸며 본다. 예: 깨진 병조각에 발을 베었던 일, 수영복이 벗겨질 뻔했던 일 등.
2) 긴장감이 감도는 이야기로 시작할 수 있다. "작은 바닷가 어느 마을에 사건이 일어났습니다. 밀항에 관한 이야기일까요? 아니 면 추리 소설 같은? 혹시 시체가 해변으로 떠밀려 올라오진 않았 나요? 이런 식으로 즉흥극을 만들어 보세요."

표	
초점	창조성 ☑ 기술 ☑ 통찰 ☑
모둠	전체 ☑ 2 ☑ 3 ☑ 4 ☑ 5 ☑
시간	5-10분 ☐ 10-15분 ☑ 15-20분 ☑
불안 정도	상 ☐ 중 ☑ 하 ☐
음악	도움이 된다 ☑ 적합하지 않다 ☐
역할 연기	역할 연기에 도움 ☑

즉흥극과 역할 연기

I. 역할 연기 준비

8. 뱃사람들

이 활동은 단순한 "흥미" 위주의 장면으로 만들거나, 해적과 같이 법과 질서를 위협하는 세력들의 공포를 심도 있게 다뤄 볼 수도 있다.

소리 웜업 후, 참여자는 해적들이 부를 만한 노래를 찾아 부른다. 해적들이 겪었을 만한 모험을 상상하면서 즉흥극을 통해 찾게 될 보물은 무엇이며, 어디에 숨길지 등을 논의한다.

집단 전체 또는 5명 정도의 모둠으로 나누어 해적질을 위해 바다로 나가는 장면을 만든다. 우선, 선장을 비롯한 다양한 역할과 항해지, 그리고 전날 밤 배를 정박했던 곳에 대해 논의한다.

표	
초점	창조성 ☑ 기술 ☐ 통찰 ☑
모둠	전체 ☑ 2 ☑ 3 ☑ 4 ☑ 5 ☑
시간	5-10분 ☐ 10-15분 ☑ 15-20분 ☑
불안 정도	상 ☐ 중 ☑ 하 ☐
음악	도움이 된다 ☑ 적합하지 않다 ☐
역할 연기	역할 연기에 도움 ☑

즉흥극과 역할 연기

I. 역할 연기 준비

9. 바다 이야기

진행자는 집단에게 주제를 적용하기 전에 바다 관련 이야기를 찾아보는 것이 좋다. 참여자는 「토끼와 거북」 또는 포세이돈 이야기 같은 고대 민담이나 신화, 설화 등을 재구성하여 재현한다.

여기에 음악과 음향을 사용하면 좋다.

집단 전체가 하나의 작품을 만들거나 모둠이 한 장면씩 나눠 만들 수도 있다.

발전/변형

1) 집단에 따라 자신들만의 고유한 고대 해상 신화를 즉흥극으로 만들어 볼 수 있다. 이야기를 발전시키는 데에는 어느 정도 시간이 필요하다.

2) 이전 세션에 각자 만든 가면을 활용하여, "해신海神" 또는 "바다 악귀"라는 주제로 즉흥극을 만든다.

표	
초점	창조성 ☑ 기술 ☐ 통찰 ☑
모둠	전체 ☑ 2 ☐ 3 ☐ 4 ☐ 5 ☑
시간	5-10분 ☐ 10-15분 ☑ 15-20분 ☑
불안 정도	상 ☐ 중 ☑ 하 ☐
음악	도움이 된다 ☑ 적합하지 않다 ☐
역할 연기	역할 연기에 도움 ☑

즉흥극과 역할 연기

I. 역할 연기 준비

10. 광고

참여자는 좋아하는 광고와 좋아하지 않는 광고에 관한 일반적인 비평과 토론으로 시작한다. 진행자는 다음과 같이 질문할 수 있다. '쇼핑 갔을 때, 어떤 광고가 기억나나요?'

CM 송이나 광고 문구를 기억(반대로 멜로디나 문구를 들으면 상품을 기억)할 수 있는 사람이 있는지 확인하는 준비 게임을 할 수도 있다.

모둠으로 나뉘어, 한 모둠이 말을 사용하지 않고 동작만으로 광고를 재현하면, 나머지 모둠은 무슨 광고인지 알아맞힌다.

발전/변형

1) 동작뿐 아니라 말까지 넣어서 광고를 재현한다.
2) 알고 있는 제품을 팔기 위해 새로운 광고를 만들 수도 있다.
3) 보통 광고를 하지 않는 물건(예: 코끼리)을 팔기 위해 재미있는 광고를 만들 수도 있다.

표	
초점	창조성 ☑ 기술 ☑ 통찰 ☑
모둠	전체 ☑ 2 ☑ 3 ☑ 4 ☑ 5 ☑
시간	5-10분 ☐ 10-15분 ☑ 15-20분 ☑
불안 정도	상 ☐ 중 ☑ 하 ☐
음악	도움이 된다 ☑ 적합하지 않다 ☐
역할 연기	역할 연기에 도움 ☑

즉흥극과 역할 연기
I. 역할 연기 준비

11. TV 장면

'가장 좋아하는 TV 프로그램과 드라마'를 이야기하는 것으로 출발하는 것이 좋다. 정기적으로 TV를 보는 사람, TV를 너무 좋아하거나 그다지 좋아하지 않는 사람 등 개인에 따라서 달라질 것이다.

TV 장면을 재현하는 목적은 참여자를 역할에 "몰입"시키는 데 있다. 물론, 특정 인물을 그대로 따라하지 않는다는 조건이 붙는다. 진행자가 프로그램이나 드라마를 의도적으로 "풍자하기"를 원한다면 초반에 이를 분명히 밝힌다.

집단에 따라서, 실제 "인물"을 표현해야 하기 때문에 웜업이 필요할 수도 있다.

각 장면에 대해 시간제한(예: 3분)을 둔다.

발전/변형

1) TV에 나오는 인물들이 적힌 역할 카드를 사전에 준비한다.
2) "다음 주 이야기"를 미리 만들어 볼 수도 있다.

표	
초점	창조성 ☑ 기술 ☑ 통찰 ☑
모둠	전체 ☑ 2 ☑ 3 ☑ 4 ☑ 5 ☑
시간	5-10분 ☐ 10-15분 ☑ 15-20분 ☑
불안 정도	상 ☐ 중 ☑ 하 ☐
음악	도움이 된다 ☐ 적합하지 않다 ☑
역할 연기	역할 연기에 도움 ☑

즉흥극과 역할 연기

I. 역할 연기 준비

12. 유명인들의 파티

참여자들이 만나고 싶은/좋아하는/싫어하는/본 적이 있는 유명인들에 대해 이야기하는 것으로 시작한다.

워밍업 활동으로 '내가 만약 이런 사람이라면' 이라는 상상을 하며 돌아다닐 수 있다.

연설하는 대통령

팬들에게 둘러싸인 연예인

햄릿을 연기하는 배우

각자 유명한 사람을 생각한다. 천천히 그 사람이 "된다." 다른 유명 인사들과 가상의 파티에서 만난다. VIP들을 공식적으로 다른 사람에게 소개할 수도 있다.

발전/변형

가능하지 않은 만남이 이뤄질 수도 있다. 예: 훈족의 아틸라와 영국의 빅토리아 여왕.

* 조선시대의 효녀 심청과 일제 강점기의 유관순.

표	
초점	창조성 ☑ 기술 ☑ 통찰 ☑
모둠	전체 ☑ 2 ☐ 3 ☐ 4 ☐ 5 ☐
시간	5-10분 ☐ 10-15분 ☑ 15-20분 ☑
불안 정도	상 ☐ 중 ☑ 하 ☐
음악	도움이 된다 ☑ 적합하지 않다 ☐
역할 연기	역할 연기에 도움 ☑

즉흥극과 역할 연기

II. 즉흥 연기

13. 시작하는 말

주의: 참여자가 즉흥 연기를 익히는 데에는 일정 시간이 요구된다. 따라서 처음에는 장면이나 인물을 단순히 유지하는 데에만 신경을 쓸 수 있다. 이 점에 유의하면서 활동 범위와 시간을 차츰 늘려 간다.

진행자는 각 모둠에게 시작하는 말을 준다. 역할 카드를 사용할 수도 있고, 말로 전할 수도 있다. 시간은 주어진 말로 시작하여 극적인 즉흥 장면으로 발전시켜 나가는 데까지로 제한해야 한다. 참여자들에게 제한된 시간이 끝나가는 것을 알려 주는 것도 도움이 된다.

예:

1) 철수는 방금 책을 들고 따뜻한 불가에 앉았다. 그때…
2) 영희는 집에 너무 가고 싶어서 문을 박차고 나왔다. 그런데…
3) 경찰이 불이 꺼진 집을 열려고 한다. 그런데…
4) 파티를 마치고 철수와 영희는 웃으면서 집으로 가고 있다. 그런데 갑자기…

표	
초점	창조성 ☑ 기술 ☐ 통찰 ☑
모둠	전체 ☐ 2 ☐ 3 ☑ 4 ☑ 5 ☐
시간	5-10분 ☐ 10-15분 ☑ 15-20분 ☑
불안 정도	상 ☐ 중 ☑ 하 ☐
음악	도움이 된다 ☐ 적합하지 않다 ☑
역할 연기	역할 연기에 도움 ☑

즉흥극과 역할 연기

II. 즉흥 연기

14. 맺는말

"시작하는 말"(13번)과 비슷한 방식이다. 모둠은 주어진 맺는말로 결말지을 수 있는 가상의 장면을 만든다. 진행자가 말로 전하거나 사전에 준비한 카드를 사용한다. 상세한 논의로 연기 장면이 길어질 수 있으므로 시간제한이 필수적이다.

예:
1) 재판관이 말했다. "그것은 모두에게 좋은 교훈이 될 것입니다."
2) 잠자리에 들면서 그녀는 자신에게 이렇게 말했다. "내일은 내일의 해가 뜰 거야."
3) "뭐라고? 너 제정신이 아니구나!"

표	
초점	창조성 ☑ 기술 ☐ 통찰 ☑
모둠	전체 ☐ 2 ☐ 3 ☑ 4 ☑ 5 ☐
시간	5-10분 ☐ 10-15분 ☑ 15-20분 ☑
불안 정도	상 ☐ 중 ☑ 하 ☐
음악	도움이 된다 ☐ 적합하지 않다 ☑
역할 연기	역할 연기에 도움 ☑

즉흥극과 역할 연기

II. 즉흥 연기

15. 사건

진행자는 참여자들에게 다양한 느낌을 불러일으킬 수 있는 한 장면을 제시한다. 이 장면 안에서 "사건"이 일어난다.

한 모둠이 장면을 즉흥으로 연기하면, 나머지 모둠은 그것을 본다. 시연이 끝난 후 다 함께 논의한다.

예:
"지금은 10시. 이슬비가 내리기 시작했다. 분식집 앞에 사람들이 모여 있다. 갑자기…"
1) 커다란 소음이 들린다.
2) 경찰의 사이렌 소리가 들린다.
3) 귀청을 찢는 듯한 브레이크 소리가 들린다.

표	
초점	창조성 ☑ 기술 ☑ 통찰 ☑
모둠	전체 ☐ 2 ☑ 3 ☑ 4 ☑ 5 ☑
시간	5-10분 ☐ 10-15분 ☑ 15-20분 ☑
불안 정도	상 ☐ 중 ☐ 하 ☑
음악	도움이 된다 ☐ 적합하지 않다 ☑
역할 연기	역할 연기에 도움 ☑

즉흥극과 역할 연기

II. 즉흥 연기

16. 신문

우선, 신문이 많이 필요하다.

사전에 머리기사를 오려서 카드에 붙여 놓는다.

세션이 진행되면 즉흥 장면이 될 만한 머리기사를 각 모둠에게 한 장씩 나누어 준다. 그럴 법한 이야기로 진행되어야 한다.

모둠은 즉흥 장면을 시연한 후, 다 함께 의견을 나눈다.

주의: 경쟁심은 오히려 사기를 떨어뜨릴 수 있다. 따라서 창조성을 공유하는 데 초점을 맞추어야 한다.

표	
초점	창조성 ☑ 기술 ☐ 통찰 ☑
모둠	전체 ☐ 2 ☐ 3 ☐ 4 ☑ 5 ☑
시간	5-10분 ☐ 10-15분 ☑ 15-20분 ☑
불안 정도	상 ☐ 중 ☐ 하 ☑
음악	도움이 된다 ☐ 적합하지 않다 ☑
역할 연기	역할 연기에 도움 ☑

즉흥극과 역할 연기

II. 즉흥 연기

17. 최근 사건

15번 활동처럼 다양한 신문 기사를 준비해 놓는 것이 좋다. 신문에서 많은 이야기를 오려 놓되, 결말은 잘라 버린다. 예: 재판, 정상회담, 노사 협상, 국경 분쟁, 외교 사절 방문 등.

이야기가 주어지면, 각 모둠은 결말을 즉흥으로 꾸민다. 사람에 따라서는 장면을 구체적으로 만들기 위해서 결말에 확신이 설 때까지 많은 정보를 필요로 하기도 한다.

장면을 모두 본 후, 함께 토론한다.

표	
초점	창조성 ☑ 기술 ☑ 통찰 ☑
모둠	전체 ☐ 2 ☐ 3 ☐ 4 ☑ 5 ☑
시간	5-10분 ☐ 10-15분 ☑ 15-20분 ☑
불안 정도	상 ☐ 중 ☐ 하 ☑
음악	도움이 된다 ☐ 적합하지 않다 ☑
역할 연기	역할 연기에 도움 ☑

즉흥극과 역할 연기

II. 즉흥 연기

18. 공원 벤치

세션을 시작하기 전에 진행자는 가상 장면에 대한 역할 카드를 준비한다. 세 모둠으로 나누어 장면을 구성하되, 즉흥 대화 등으로 가능한 한 설득력 있는 장면을 만든다.

예:

인물: 깔끔한 정장을 차려 입고 조용히 신문을 읽고 있는 신사, 거지, 개를 데리고 가는 숙녀

장면: 햇살이 따스한 오후, 공원 벤치

행동: 거지가 신사에게 다가가 돈을 요구한다. 숙녀가 지나가다가 대화에 끼어든다.

발전/변형

장면을 좀 더 구체적으로 묘사하되, 각자 **자신만의 창조적** 인물을 구축해야 한다.

표	
초점	창조성 ☑ 기술 ☑ 통찰 ☑
모둠	전체 ☐ 2 ☐ 3 ☑ 4 ☐ 5 ☐
시간	5-10분 ☐ 10-15분 ☑ 15-20분 ☑
불안 정도	상 ☐ 중 ☑ 하 ☐
음악	도움이 된다 ☐ 적합하지 않다 ☑
역할 연기	역할 연기에 도움 ☑

즉흥극과 역할 연기

II. 즉흥 연기

19. 오래된 집

참여자는 아래 상황으로 즉흥극을 만든다.

인물: 세 사람(서로 알고 있다/서로 모른다)

장면: 나무가 우거진 오래된 집이 있다. 창문 주위로 담장이가 자라고, 기와는 몇 장 떨어져 나갔다. 들어가는 길은 지저분하고, 정원은 오랫동안 방치되어 있다. 경첩이 떨어져 나간 커다란 대문은 열려 있다. 금붕어가 있는 연못으로 이어진 오솔길에는 사람의 흔적이 없다.

행동: 세 사람은 이 오래된 집으로 걸어가던 중 서로를 발견한다… 그리고….

표	
초점	창조성 ☑ 기술 ☐ 통찰 ☑
모둠	전체 ☐ 2 ☐ 3 ☑ 4 ☐ 5 ☐
시간	5-10분 ☐ 10-15분 ☑ 15-20분 ☑
불안 정도	상 ☐ 중 ☑ 하 ☐
음악	도움이 된다 ☐ 적합하지 않다 ☑
역할 연기	역할 연기에 도움 ☑

즉흥극과 역할 연기

II. 즉흥 연기

20. 만남

세 사람이 한 모둠이 되어 다음 상황을 즉흥극으로 꾸민다. 의견
교환이 잘 이루어진다면 결말에 대한 다양한 해석이 가능하다.
인물: 사냥 모자를 쓴 노신사, 명찰을 단 젊은 여인, 교통경찰
장면: 대도시의 거리
행동: 세 사람이 만난다. 무슨 일이 벌어질까?

발전/변형

장면을 의도적으로 희화화하거나 비극적 결말로 꾸며도 좋다.

표	
초점	창조성 ☑ 기술 ☑ 통찰 ☑
모둠	전체 ☐ 2 ☐ 3 ☑ 4 ☐ 5 ☐
시간	5-10분 ☐ 10-15분 ☑ 15-20분 ☑
불안 정도	상 ☐ 중 ☑ 하 ☐
음악	도움이 된다 ☐ 적합하지 않다 ☑
역할 연기	역할 연기에 도움 ☑

즉흥극과 역할 연기

III. 가상현실 — 생활 및 사회적 기술

21. 누군가 내 방을 노크한다.

이 활동에서 참여자들은 가능한 실제와 같이 장면을 구성한다.

인물: 서로 알지 못하는 두 사람

장면: 응접실

행동: "어느 날 밤, 나는 TV를 보면서 쓸데없는 공상에 빠져 있다. 이때, 문을 두드리는 노크 소리가 들린다."

（두 번째 인물은 자신이 누군지를 정해야 한다. 예: 집주인이 모르는 사람).

토론: 장면이 끝난 후, 함께 토론하면서 노크한 사람을 확인할 때 어떻게 해야 하는지에 대해 집중적으로 논의한다. 예: 문에 체인이 있어야 하는지, 밤에 낯선 사람에게 문을 열어 주어야 하는지 등.

표	
초점	창조성 ☐ 기술 ☐ 통찰 ☑
모둠	전체 ☐ 2 ☑ 3 ☐ 4 ☐ 5 ☐
시간	5-10분 ☑ 10-15분 ☐ 15-20분 ☑
불안 정도	상 ☐ 중 ☑ 하 ☐
음악	도움이 된다 ☐ 적합하지 않다 ☑
역할 연기	역할 연기에 도움 ☑

즉흥극과 역할연기

III. 가상현실 — 생활 및 사회적 기술

22: 누군가 수상한 행동을 한다.

21번 활동처럼 현실적이고 설득력 있는 장면을 만들어야 한다.

인물: 점원, 고객, 경비, 구경꾼.

장면: 백화점.

행동: "점원은 고객이 수상한 행동을 한다고 생각한다. 조용히 경비에게 알린다. 어떤 일이 일어날까?"

토론: 모둠별로 결말을 비교한 후, 이러한 상황에서 "올바른 대처방법"은 무엇인지 찾아보는 것도 매우 유익하다.

표	
초점	창조성 ☑ 기술 ☑ 통찰 ☐
모둠	전체 ☐ 2 ☐ 3 ☐ 4 ☑ 5 ☐
시간	5-10분 ☑ 10-15분 ☑ 15-20분 ☑
불안 정도	상 ☐ 중 ☑ 하 ☐
음악	도움이 된다 ☐ 적합하지 않다 ☑
역할 연기	역할 연기에 도움 ☑

즉흥극과 역할 연기

III. 가상현실 — 생활 및 사회적 기술

23. 누군가 나에게 다가온다.

21, 22번 활동과 같은 방식이다.

인물: 20살의 여성 점원인 '나,' 외국인 남성, 세관 공무원.

장면: 공항 대합실.

행동: "나는 발리에서 꿈같은 휴가를 보내기 위해 비행기를 기다리고 있다. 이 여행을 위해 얼마나 열심히 저축했는지 모른다. 한 남자가 나에게 다가온다. 어떤 일이 벌어질까?"

토론: 모둠별로 다양한 내용과 결말이 나올 수 있다. 모든 장면을 공유한다.

표	
초점	창조성 ☑ 기술 ☐ 통찰 ☐
모둠	전체 ☐ 2 ☐ 3 ☑ 4 ☐ 5 ☐
시간	5-10분 ☐ 10-15분 ☑ 15-20분 ☑
불안 정도	상 ☐ 중 ☑ 하 ☐
음악	도움이 된다 ☐ 적합하지 않다 ☑
역할 연기	역할 연기에 도움 ☑

즉흥극과 역할 연기

III. 가상현실 — 생활 및 사회적 기술

24. 거절하기

있을 법한 장면으로 시작해서, 좀 더 현실에 가까운 내용으로 발전시켜 나갈 수 있다.

한 사람이 마술사 역할을 맡는다. '마술사'는 많은 소원을 들어줄 수 있는 능력이 있지만, 그것이 무엇이든지 간에 항상 "안 돼"라고 답한다. 참여자들은 여러 가지 소원을 빈다. 소원은 무모한 것일 수도 있고, 합리적이고 진실한 것일 수도 있다. 사람에 따라서는 "안 돼"라고 답하는 것이 아주 어렵다고 느낄 것이다.

이후, 좌절/실망/힘 등에 관한 이야기를 나눌 수 있다. 참여자는 "안 돼"라고 말하면서 무엇을 느꼈는지 자유롭게 토론한다.

발전/변형

1) 마술사는 선택된 소원(예: 세 번째 소원)만을 들어줄 수 있다. 단, 소원을 비는 참여자에게는 비밀로 한다.
2) 돈이나 애정 공세 등에 얼마나 잘 견디는지 보기 위해, "마술사"를 현실(적인) 인물로 바꿀 수도 있다.

표	
초점	창조성 ☐ 기술 ☑ 통찰 ☐
모둠	전체 ☑ 2 ☑ 3 ☑ 4 ☑ 5 ☑
시간	5-10분 ☐ 10-15분 ☑ 15-20분 ☑
불안 정도	상 ☑ 중 ☐ 하 ☐
음악	도움이 된다 ☐ 적합하지 않다 ☑
역할 연기	역할 연기에 도움 ☑

즉흥극과 역할 연기

III. 가상현실 — 생활 및 사회적 기술

25. 설득하기

두 명씩 한 팀이 되게 두 모둠을 만든다. 서로 나뉘어 맞은편에 선다. 한쪽은 옷가게에서 일하는 점원들이며, 물건을 팔아야 돈을 받는다. 이들은 손님이 물건을 사기 위해 가게에 들어오면, 어떤 옷을 고르든지 간에 물건이 없다고 답한다. 그러고는 "고객"이 비슷한 다른 물건을 사도록 설득한다.

한편, 다른 한쪽은 뭔가 특별한 옷을 사고 싶어 하는 고객들이다. 고객은 왜 그 옷을 원하는지, 색깔, 크기, 디자인, 옷감 등에 대해서 구체적으로 생각해야 한다.

진행자는 두 모둠이 하나의 결론에 도달할 수 있도록 하면서, 역할 연기에 시간제한을 둔다. 일어날 수 있는 가능한 모든 결과에 대해 토론해 보고, 그런 다음 큰 모둠에서 발전시킬 수 있다.

표	
초점	창조성 ☐ 기술 ☐ 통찰 ☑ ☐
모둠	전체 ☐ 2 ☑ 3 ☐ 4 ☐ 5 ☐
시간	5-10분 ☑ 10-15분 ☐ 15-20분 ☑
불안 정도	상 ☐ 중 ☐ 하 ☑
음악	도움이 된다 ☐ 적합하지 않다 ☑
역할 연기	역할 연기에 도움 ☑

즉흥극과 역할 연기

Ⅲ. 가상현실 ─ 생활 및 사회적 기술

26. 단념시키기

25번 활동처럼, 짝을 지어 두 모둠으로 나눈 후, 서로 맞은편에 선다. 한 쌍은 잡동사니를 파는 작은 상점의 주인이 된다. "고객"이 상점에 들어와서 어떤 물건을 요구하더라도 타당한 이유를 대서 물건을 팔지 말아야 한다.

10분 후면 상점이 문을 닫는데, 다른 쌍은 몇 개의 물건이 급하게 필요하다.

최대한 10분 안에 해결해야 한다. 즉흥극이 끝나면 짝끼리 모여 서로의 경험을 나눈다.

표	
초점	창조성 ☐ 기술 ☑ 통찰 ☐
모둠	전체 ☐ 2 ☑ 3 ☐ 4 ☐ 5 ☐
시간	5-10분 ☑ 10-15분 ☐ 15-20분 ☑
불안 정도	상 ☐ 중 ☑ 하 ☐
음악	도움이 된다 ☐ 적합하지 않다 ☑
역할 연기	역할 연기에 도움 ☑

즉흥극과 역할 연기

III. 가상현실 — 생활 및 사회적 기술

27. 돈을 저에게 주세요

진행자는 참여자들에게 다음 두 가지 주제를 논의하도록 한다. 하나는, 사람들은 자주 삶이 불공평하다고 불평하는데, 무엇이 불공평한지, 왜 그런지에 대한 논의이다. 그리고 다른 하나는, 보통 사람들은 어떤 식으로 다른 사람들이 갖지 못한 것을 얻는지에 대한 논의이다.

논의가 끝나면, 참여자는 모둠으로 나뉘어 다음 장면을 즉흥극으로 만든다.

사용 가능한 돈이 있고, 재판관만이 그 돈의 임자를 정할 수 있다. 각 모둠은 한 번씩 재판관에게 자신의 특별한 사정을 하소연할 기회를 갖는다. 연습 시간을 충분히 주는 것이 좋다.

발전/변형

1) 아이들이 부모님과 용돈을 "협상한다."
2) 거지가 사업가에게 찻값을 "갈취하려고 한다."
3) 점쟁이가 주부에게 점을 봐 주겠다고 부추긴다.

표	
초점	창조성 ☐ 기술 ☐ 통찰 ☑
모둠	전체 ☐ 2 ☐ 3 ☑ 4 ☑ 5 ☑
시간	5-10분 ☐ 10-15분 ☐ 15-20분 ☑
불안 정도	상 ☐ 중 ☑ 하 ☐
음악	도움이 된다 ☐ 적합하지 않다 ☑
역할 연기	역할 연기에 도움 ☑

즉흥극과 역할 연기

III. 가상현실 — 생활 및 사회적 기술

28. 해명하기

주의: 활동이 진행되는 동안, 진행자는 "이웃"이 명확한 스타일과 태도(예: 당황해 하고 있다/어려움에 빠져 있다/폭력적인 사람이다)를 갖출 수 있도록 몇 가지 정보를 주어야 한다.

진행 상황은 다음과 같다: 문 앞에 편지가 와 있다. 당신은 편지를 꺼내 읽는다. 그제야 그 편지가 당신의 것이 아니라 이웃의 것임을 알게 된다. 당신은 이미 뜯어본 편지를 돌려주면서 왜 이런 일이 일어났는지를 최선을 다해 설명해야 한다.

모두 역할 연기를 한 후, 그 상황에 대응할 수 있는 가장 효과적인 방법이 무엇인지 토론한다.

표	
초점	창조성 ☐ 기술 ☑ 통찰 ☑
모둠	전체 ☐ 2 ☑ 3 ☐ 4 ☐ 5 ☐
시간	5-10분 ☐ 10-15분 ☑ 15-20분 ☑
불안 정도	상 ☐ 중 ☑ 하 ☐
음악	도움이 된다 ☐ 적합하지 않다 ☑
역할 연기	역할 연기에 도움 ☑

즉흥극과 역할 연기

III. 가상현실 — 생활 및 사회적 기술

29. 관계 해결하기

세 사람이 한 모둠이 되어 번호를 정한다.

진행자는 다음과 같이 설명한다. 파티에 초대받지 않은 3번 앞에서 1번은 2번을 파티에 초대하고, 2번은 1번에게 초대에 대해 감사 표시를 한다.

모둠별로 역할 연기를 하는데, 정해진 시간 안에 이 장면을 "해결해야 한다." 상황을 풀어나가는 데에는 여러 방법이 있을 수 있다.

서로의 관계와 인물을 설정하는 것이 좋다. 집단 모두가 역할 연기에 대한 경험이 없다면 역할 카드가 도움이 될 것이다. 예: 친척/친구/직장 동료.

주의: 이후에 토론이 이어져도 좋다.

표	
초점	창조성 ☐ 기술 ☑ 통찰 ☐
모둠	전체 ☐ 2 ☐ 3 ☑ 4 ☐ 5 ☐
시간	5-10분 ☐ 10-15분 ☑ 15-20분 ☑
불안 정도	상 ☑ 중 ☐ 하 ☐
음악	도움이 된다 ☐ 적합하지 않다 ☑
역할 연기	역할 연기에 도움 ☑

즉흥극과 역할 연기

IV. 가족 역할 연기

30. 정학 당했어요.

진행자는 다음 장면을 역할 연기할 수 있도록 모둠으로 나눈다. 시연이 끝난 후, 다 함께 토론하는 형식으로 발전시킬 수 있다.

인물: 엄마, 아빠, 아들.

장면: 부엌.

행동: "아들은 머리가 길다는 이유로 학교에서 정학을 당했다. 아들이 집에 와서 엄마에게 이 사실을 알린다. 잠시 후, 아빠가 들어온다. 어떤 일이 벌어질까?"

발전/변형

1) 머리를 염색한 누나를 추가한다.
2) 아들이 자러 간 후, 엄마와 아빠 사이의 장면을 만든다.

표	
초점	창조성 ☐ 기술 ☑ 통찰 ☑
모둠	전체 ☐ 2 ☐ 3 ☑ 4 ☑ 5 ☑
시간	5-10분 ☐ 10-15분 ☑ 15-20분 ☑
불안 정도	상 ☐ 중 ☑ 하 ☐
음악	도움이 된다 ☐ 적합하지 않다 ☑
역할 연기	역할 연기에 도움 ☑

즉흥극과 역할 연기
IV. 가족 역할 연기

31. 이 방이 아니에요

이 활동은 집단 전체나 6명이 한 모둠이 되어 만들 수 있다.
상황은 다음과 같다.

인물: 전과자들과 낯선 사람 1명
장면: 어느 빌딩 회의실
행동: "낯선 사람은 도시 계획 토론회에 참여하기 위해 이곳에 왔
다. 그는 방을 잘못 찾아든다. 전과자들이 먼저 그 사람을 발
견했다면, 그들은 이 방이 아니라는 사실을 어떻게 설명할
까?"

발전/변형

1) 한 전과자는 우연히 들어온 이 "낯선 이"를 전에 가게 물건을 훔
친 도둑으로 오인한다.
2) 낯선 사람은 전과자 중의 한 사람과 친척인데, 그 사람이 감옥에
갔다 왔다는 사실을 모르고 있다.

표	
초점	창조성 ☐ 기술 ☑ 통찰 ☑
모둠	전체 ☑ 2 ☐ 3 ☐ 4 ☐ 5 ☑
시간	5-10분 ☐ 10-15분 ☑ 15-20분 ☑
불안 정도	상 ☐ 중 ☑ 하 ☐
음악	도움이 된다 ☐ 적합하지 않다 ☑
역할 연기	역할 연기에 도움 ☑

즉흥극과 역할 연기

IV. 가족 역할 연기

32. 끔찍한 일이 있었어요.

이것은 가상의 역할 연기이다. 진행자는 집단의 요구에 따라 현실적으로 또는 비현실적으로 장면을 만들 수 있다.

인물: 가족, 아이는 있어도 되고 없어도 된다.

장면: 응접실.

행동: "가족 중 한 사람이 집에 와서 끔찍한 일이 있었다고 말한다…."

주의: 누가 어떤 역할을 맡을지 그리고 가족 구성원은 어떤 사람들인지 사전 논의가 있어야 한다.

역할 연기 이후, 실제로 가족 사이에서 일어났던 "끔찍한" 사건들에 대해 이야기해 보는 것도 좋다.

표	
초점	창조성 ☐ 기술 ☑ 통찰 ☑
모둠	전체 ☐ 2 ☑ 3 ☐ 4 ☑ 5 ☐
시간	5-10분 ☐ 10-15분 ☑ 15-20분 ☑
불안 정도	상 ☑ 중 ☐ 하 ☐
음악	도움이 된다 ☐ 적합하지 않다 ☑
역할 연기	역할 연기에 도움 ☑

즉흥극과 역할 연기
IV. 가족 역할 연기

33. 비밀을 지켜라!

진행자는 참여자들을 모둠으로 나누어 가족을 "구성하고," 숨겨야 하는 비밀을 하나 만들게 한다.

인물: 가족, 방문객.

장면: 응접실.

행동: 이 가족은 불쾌하거나 죄의식을 느낄 만한 비밀을 가지고 있다(예: 누군가 감옥에 있다, 누군가 임신을 했다, 특정 장애를 가진 사람이 있다). 손님이 방문한다. 가족들은 비밀을 지키기 위해 노력한다.

발전/변형

방문객은 범죄를 심문하러 온 경찰이다.

주의: 시간이 허락된다면, 위 상황을 다양한 측면으로 논의해 보는 것이 좋다.

표	
초점	창조성 ☑ 기술 ☐ 통찰 ☑
모둠	전체 ☐ 2 ☐ 3 ☑ 4 ☑ 5 ☑
시간	5-10분 ☑ 10-15분 ☑ 15-20분 ☑
불안 정도	상 ☑ 중 ☐ 하 ☐
음악	도움이 된다 ☐ 적합하지 않다 ☑
역할 연기	역할 연기에 도움 ☑

즉흥극과 역할 연기

IV. 가족 역할 연기

34. 할머니, 제발!

할머니나 할아버지가 있는 가족을 구성한다. 어디에 사는 어떤 가족인지 성격을 명확히 한다.

인물: 3대가 함께 사는 가족, 방문객.

장면: 응접실.

행동: 할머니는 아주 "까다로운" 성격이다. 손님이 방문한다. 가족들은 아무 일 없다는 듯이 행동하려고 애를 쓴다! 방문객은 무엇을 해야 하는가? 가족들이 직면한 문제는 무엇인가?

주의: 만약, 이런 어려움을 직접 경험한 사람이 있다면, 논의는 더욱 활발히 진행될 것이다.

표	
초점	창조성 ☐ 기술 ☑ 통찰 ☑
모둠	전체 ☐ 2 ☐ 3 ☐ 4 ☑ 5 ☑
시간	5-10분 ☐ 10-15분 ☑ 15-20분 ☑
불안 정도	상 ☑ 중 ☐ 하 ☐
음악	도움이 된다 ☐ 적합하지 않다 ☑
역할 연기	역할 연기에 도움 ☑

즉흥극과 역할 연기

IV. 가족 역할 연기

35. 가족 내 의사 결정

가족끼리 무엇을 결정할 때 어떤 일이 일어나는지 토론하는 것으로 활동은 시작된다. 주로 듣는 입장인가? 결정하는 입장인가? 아니면 협상을 거치는가? 등.

논의를 거친 후, "가족 모둠"으로 나누고, 가족 구성원 중 어떤 역할을 맡을지 정한다. 모둠은 가족끼리 의사를 결정하는 장면을 보여 준다. 예: 휴가를 어디로 갈 것인가? 50만 원을 어디에 쓸 것인가? 이사를 갈 것인가?

발전/변형

1) 참여자는 역할이 자세히 적힌 가족 역할 카드를 받는다.
2) 역할에 따라 어떤 결정을 내리는 것이 가장 어려운지 논의해 본다.

표	
초점	창조성 ☑ 기술 ☑ 통찰 ☑
모둠	전체 ☐ 2 ☐ 3 ☐ 4 ☑ 5 ☑
시간	5-10분 ☐ 10-15분 ☑ 15-20분 ☑
불안 정도	상 ☐ 중 ☑ 하 ☐
음악	도움이 된다 ☐ 적합하지 않다 ☑
역할 연기	역할 연기에 도움 ☑

시각적 역동

I. 조각상 만들기

1. 자유 조각: 지금 여기의 느낌

우선 진행자는 "조각상"이 무엇인지 집단에게 설명해야 할 것이다. 조각상은 사진처럼 시각적인 방식으로 자신의 느낌을 정지 동작으로 표현하는 데 쓰인다.

진행자는 방안 전체를 사용해서 참여자들에게 "다른 사람과 관련해서 지금 자신의 기분이 어떤지"를 나타낼 수 있는 적당한 위치에 가서 서도록 한다.

이 활동은 몇 가지 관련 역할 놀이로 시작할 수 있다. 조각상은 큰 무리, 작은 무리, 둘, 홀로 서 있는 사람 등으로 나타날 것이다.

그 다음 참여자는 자기가 바라는 위치로 이동한다. 처음의 위치에서 두 번째 위치로 가기 위해서 무엇이 필요할지 이야기한다.

발전/변형

자신의 위치에서 느끼는 감정을 소리와 움직임을 통해 "움직이는" 조각상을 만들어 볼 수 있다.

표	
초점	창조성 ☐ 기술 ☐ 통찰 ☑
모둠	전체 ☑ 2 ☐ 3 ☐ 4 ☐ 5 ☐
시간	5-10분 ☐ 10-15분 ☑ 15-20분 ☑
불안 정도	상 ☐ 중 ☑ 하 ☑
음악	도움이 된다 ☐ 적합하지 않다 ☑
역할 연기	역할 연기에 도움 ☐

시각적 역동
I. 조각상 만들기

2. 자유 조각: 주제 표현하기

먼저 진행자는 참여자가 "조각상"을 어떻게 이해하고 있는지 확인한다.

그런 다음, 참여자는 각자 하나의 주제에 대한 자신의 생각을 조각상으로 표현한다. 예: "소속 기관"이란 주제로 권위나 위계질서에 대한 생각 표현하기.

주의: 만일 참여자가 참석하지 않은 동료의 개인적인 특성을 표현하려고 한다면, 진행자는 그 사람과의 현재의 역학 관계를 표현하도록 유도하는 것이 좋다. 조각상을 통해 드러난 내용은 종종 집단과 집단의 변화에 도움을 주기도 한다.

표	
초점	창조성 ☐ 기술 ☐ 통찰 ☑
모둠	전체 ☑ 2 ☐ 3 ☐ 4 ☐ 5 ☐
시간	5-10분 ☐ 10-15분 ☑ 15-20분 ☑
불안 정도	상 ☐ 중 ☑ 하 ☑
음악	도움이 된다 ☐ 적합하지 않다 ☑
역할 연기	역할 연기에 도움 ☐

시각적 역동

I. 조각상 만들기

3. 자유 조각: 가상공간

진행자는 참여자들이 조각상으로 들어갈 수 있는 가상의 공간 하나를 선택해서 그에 대한 자세한 설명을 덧붙인다. 예: "여기는 수영장입니다. 바닥의 한쪽은 깊고, 반대쪽은 얕습니다. 여기엔 스프링보드와 다이빙대가 있고, 파라솔과 탁자, 그리고 의자들이 저쪽에 있습니다. 전체 관계 속에서 당신은 어디에 있을지, 적당한 위치에 가서 조각상으로 표현해 보세요."

주의: 조각상을 일상적인 의미로 해석하지 말고, 가상공간에 머물도록 하는 것이 중요하다. 이 과정에서 참여자는 놀라운 점을 발견하게 될 것이며, 변화를 시도해 볼 것이다. 예: 얕은 곳에서 발끝만 담군 사람이 중앙을 가로질러 헤엄칠 수도 있다.

표	
초점	창조성 ☐ 기술 ☐ 통찰 ☑
모둠	전체 ☑ 2 ☐ 3 ☐ 4 ☐ 5 ☐
시간	5-10분 ☐ 10-15분 ☑ 15-20분 ☑
불안 정도	상 ☑ 중 ☑ 하 ☐
음악	도움이 된다 ☐ 적합하지 않다 ☑
역할 연기	역할 연기에 도움 ☐

시각적 역동

I. 조각상 만들기

4. 자유 조각: 양극의 선

진행자는 집단 안에 존재하는 극단적인 면들을 찾는다. 예: 신뢰/
불신.

　참여자는 두 극단을 잇는 선 위에 자신이 어디쯤 위치하는지
찾아가 선다.

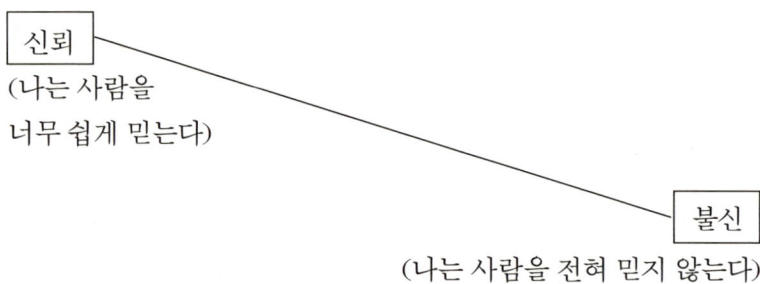

신뢰
(나는 사람을
너무 쉽게 믿는다)

불신
(나는 사람을 전혀 믿지 않는다)

이 과정에서 새로운 지점이 발견된다. 그런 다음 자신이 원하는 지
점으로 이동한 후, 그 차이에 대해 이야기한다. 그리고 이때 나타난
변화를 가지고 역할 연기를 해볼 수 있다.

표	
초점	창조성 ☐ 기술 ☐ 통찰 ☑
모둠	전체 ☑ 2 ☐ 3 ☐ 4 ☐ 5 ☐
시간	5-10분 ☐ 10-15분 ☑ 15-20분 ☑
불안 정도	상 ☐ 중 ☑ 하 ☐
음악	도움이 된다 ☐ 적합하지 않다 ☑
역할 연기	역할 연기에 도움 ☐

시각적 역동

I. 조각상 만들기

5. 개인 조각: 지금 여기의 느낌

한 사람이 조각가가 되어 집단에 대해 나머지 사람들이 어떻게 느끼고 생각할지 조각상으로 만들어 적절한 공간에 배열한다. 이때 조각가는 너무 많은 생각을 하지 말고 빠른 시간 안에 직관적으로 만든다. 그리고 조각가는 "분신"이 되어 조각상의 위치에서 참여자를 대신하여 이야기한다. 예: "나는 ~때문에 여기에 서 있다." 혹은 "나는 이 자리가 쓸쓸하고 외롭다."

주의: 집단을 바라보고 생각하는 것은 사람마다 다르다. 이때, 각자의 생각을 말로 하기보다는 조각상으로 표현한다. 상반되는 관점에 대해 비교, 토론할 수 있으며, 여기에서 드러난 차이점을 역할 연기에 사용할 수도 있다.

표	
초점	창조성 ☐ 기술 ☐ 통찰 ☑
모둠	전체 ☑ 2 ☐ 3 ☐ 4 ☐ 5 ☐
시간	5-10분 ☐ 10-15분 ☐ 15-20분 ☑
불안 정도	상 ☐ 중 ☑ 하 ☐
음악	도움이 된다 ☐ 적합하지 않다 ☑
역할 연기	역할 연기에 도움 ☐

시각적 역동

I. 조각상 만들기

6. 개인 조각: 주제별

대립되는 두 가지 특징을 양극에 놓고, 한 사람이 다른 참여자들을
그 선상에 배치한다.

예:

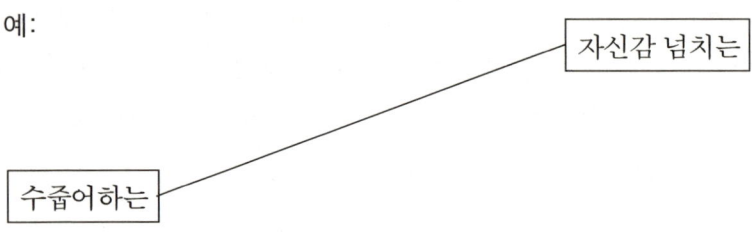

자리에 배치된 참여자들은 무엇을 느끼는지 이야기한다.
"다른 사람들은 나를 ~하다고 본다. 하지만 나는 늘 ~을 느낀다."
"아버지는 항상 내가 ~한다고 하시지만, 나는 언제나 ~하다고 느
낀다."

표	
초점	창조성 ☐ 기술 ☐ 통찰 ☑
모둠	전체 ☑ 2 ☐ 3 ☐ 4 ☐ 5 ☐
시간	5-10분 ☐ 10-15분 ☐ 15-20분 ☑
불안 정도	상 ☐ 중 ☑ 하 ☐
음악	도움이 된다 ☐ 적합하지 않다 ☑
역할 연기	역할 연기에 도움 ☐

시각적 역동

I. 조각상 만들기

7. 개인 조각: 은유

먼저 참여자는 자신과 세상을 '은유'를 사용하여 표현해 본다. 예:
"내 심장은 폭발 직전이다," "내 인생은 가시밭길이다," "너는 내
인생의 빛이다."

　　이후, 진행자는 한 사람에게 은유를 가지고 집단을 조각해 보
라고 한다. 예: "만일 이곳이 농장이라면, 이 사람들은 무엇일까
요?"

주의: 이때, 진행자는 조각가의 상상력을 자극하여 직관적으로 표
현해 나갈 수 있도록 돕는다. 위의 경우, 참여자들은 사람이나 동물
에만 국한되지 않고 곡식, 기계, 건물 등으로도 조각할 수 있도록
한다. 만일 참여자가 다른 은유 — "우리는 서커스단에 더 가까운
것 같다" — 를 제안하면, 그 은유에 맞게 조각해 볼 수 있다.

표	
초점	창조성 ☑ 기술 ☑ 통찰 ☑
모둠	전체 ☑　2 ☐　3 ☐　4 ☐　5 ☐
시간	5-10분 ☐　10-15분 ☑　15-20분 ☑
불안 정도	상 ☑　중 ☐　하 ☐
음악	도움이 된다 ☐　적합하지 않다 ☑
역할 연기	역할 연기에 도움 ☐

시각적 역동

I. 조각상 만들기

8. 의자 조각: 중요한 사람들

진행자는 의자가 참여자의 삶에서 중요한 영향을 주었거나 주고 있는 사람을 나타내기 위해 사용된다는 것을 설명한다.

의자는 4개 이내로 제한해야 한다. 진행자는 부정적인 영향뿐 아니라 긍정적인 영향도 있음을 상기시킨다.

조각가는 배치한 의자에 차례로 앉아 그 인물이 되어 자신을 소개한다. 말하자면, 이 사람이 누구인지, 그리고 조각가에게 어떤 영향을 주었는지 이야기한다.

모든 의자들의 "말하기"가 끝나면, 각 참여자는 "중요한 사람들"에게 대답으로 무슨 말이든 해야 한다.

표	
초점	창조성 ☐ 기술 ☐ 통찰 ☑
모둠	전체 ☑ 2 ☐ 3 ☐ 4 ☐ 5 ☐
시간	5-10분 ☐ 10-15분 ☐ 15-20분 ☑
불안 정도	상 ☐ 중 ☑ 하 ☐
음악	도움이 된다 ☐ 적합하지 않다 ☑
역할 연기	역할 연기에 도움 ☐

시각적 역동

I. 조각상 만들기

9. 의자 조각: 그때 그리고 지금

의자 세 개를 한 줄로 늘어놓는다.

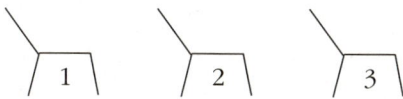

진행자는 의자에 대해서 설명한다. 의자 1은 5년 전의 나, 의자 2는 현재의 나, 의자 3은 5년 후의 나이다.

참여자는 의자에 차례로 앉아서 각 시기의 자신에 대해 이야기한다.

주의: 5년이 기억하거나 상상하기 너무 긴 세월이라고 생각되면 진행자는 시기를 조절할 수도 있다

발전/변형

1) 시간을 "어린 시절, 현재, 노년기"로 확장해 본다.

표	
초점	창조성 ☐ 기술 ☐ 통찰 ☑
모둠	전체 ☑ 2 ☐ 3 ☐ 4 ☐ 5 ☐
시간	5-10분 ☐ 10-15분 ☐ 15-20분 ☑
불안 정도	상 ☑ 중 ☑ 하 ☐
음악	도움이 된다 ☐ 적합하지 않다 ☑
역할 연기	역할 연기에 도움 ☐

시각적 역동

II. 스펙토그램

10. 내가 선택한 대상으로

작고 다양한 물건을 가지고 "지금 나의 삶"을 표현한다.

진행자는 소요 시간을 5분으로 제한하고, 사람, 장소, 사물, 느낌들을 표현하는 데 장신구, 시계, 동전, 열쇠, 펜 등 무엇이든 사용할 수 있다는 것을 설명한다.

그런 다음, 두세 명의 모둠별로 각자의 스펙토그램에 대해 이야기하고 질문한다. 이때 상대방의 말을 해석하지 않도록 주의한다.

이제 진행자는 참여자들에게 충분한 시간을 주고 다시 스펙토그램을 만들게 한다. 물건을 빼거나 이동하거나 덧붙이면서 자신이 원하는 삶으로 스펙토그램을 바꿀 수 있다. 이후 이 안에서 어떤 변화를 만들 수 있는지 짝과 함께 중점적으로 이야기해 본다.

세션을 마치기 전에, 물건을 "역할 벗기" 하는 것을 잊지 말자. (역할 벗기 관련 활동은 11을 참조).

표	
초점	창조성 ☐ 기술 ☐ 통찰 ☑
모둠	전체 ☑ 2 ☑ 3 ☐ 4 ☐ 5 ☐
시간	5-10분 ☐ 10-15분 ☐ 15-20분 ☑
불안 정도	상 ☑ 중 ☑ 하 ☐
음악	도움이 된다 ☐ 적합하지 않다 ☑
역할 연기	역할 연기에 도움 ☐

시각적 역동

II. 스펙토그램

11. 주어진 대상으로

이 활동은 대상이 미리 주어진다는 점을 제외하고는 10번의 활동과 같다. 상자에 구슬, 단추, 돌, 리본, 버클, 멜빵 등을 담아둔다.

참여자는 자신의 삶, 가족 혹은 직장 내의 역할 등을 주제로 한 사람씩 돌아가면서 스펙토그램을 만든다. 스펙토그램을 기록해 두었다가 3개월 후, 다시 한 번 이 활동을 한 후 비교해 볼 수 있다.

주의: 10번 활동처럼, 물건을 상자에 다시 담기 전에 역할 벗기를 하는 것이 매우 중요하다. 예: "이 돌조각은 나의 상사였지만, 지금은 평범한 돌조각이다."

발전/변형
1) 참여자들의 스펙토그램이 불가피한 요소들인지 살펴본다.
2) 자신의 의지로 바꿀 수 있는 부분이 어디인지 생각해 본다.
3) 변화 가능한 지점에 대해 생각하고 토론해 본다.

표	
초점	창조성 ☐ 기술 ☐ 통찰 ☑
모둠	전체 ☑ 2 ☑ 3 ☐ 4 ☐ 5 ☐
시간	5-10분 ☐ 10-15분 ☐ 15-20분 ☑
불안 정도	상 ☑ 중 ☑ 하 ☐
음악	도움이 된다 ☐ 적합하지 않다 ☑
역할 연기	역할 연기에 도움 ☐

시각적 역동

II. 스펙토그램

12. 러시아 인형

사전에 참여자는 러시아 인형을 하나씩 꺼내 보며 이야기를 나눈다. 보통 사람들은 가장 작은 인형에 관심을 보인다.

그런 다음, 참여자는 인형을 이용하여 자신과 관계된 사람들에 대해 이야기한다. 예: "이들은 나보다 크고, 저들은 나보다 작다."

발전/변형

1) 자신을 기준으로 뛰어난/중요한/능력 있는/강하다고 여겨지는 사람 순으로 인형을 늘어놓는다.
2) 러시아 인형으로 이야기를 꾸며 본다. 이런 경우, 일반적으로 자전적인 이야기로 전개된다.

표	
초점	창조성 ☐ 기술 ☑ 통찰 ☑
모둠	전체 ☑ 2 ☑ 3 ☐ 4 ☐ 5 ☐
시간	5-10분 ☐ 10-15분 ☑ 15-20분 ☑
불안 정도	상 ☑ 중 ☑ 하 ☐
음악	도움이 된다 ☐ 적합하지 않다 ☑
역할 연기	역할 연기에 도움 ☐

시각적 역동

II. 스펙토그램

13. 동물 인형(부록의 예 참조)

돼지, 개, 소, 독수리, 뱀, 코끼리 등 가축과 야생 동물 인형을 넉넉히 구비해 놓는다. 참여자는 동물 인형으로 삶의 어떤 순간이나 상황을 표현한다. 예: "지금 나의 느낌."

동물을 다양하게 사용해서 자신의 여러 측면을 표현해 볼 수도 있다. 부정하고 싶은 면이나 갖고 싶은 특성을 표현할 수도 있다.

주의: "장면"을 만들고 이야기를 나누면서 되돌아보는 시간을 갖는 것은 많은 사람들에게 유익하다. 사람에 따라서 역할 연기로 발전시키는 것이 효과적일 수도 있다.

표	
초점	창조성 ☐ 기술 ☐ 통찰 ☑
모둠	전체 ☑ 2 ☑ 3 ☐ 4 ☐ 5 ☐
시간	5-10분 ☐ 10-15분 ☑ 15-20분 ☑
불안 정도	상 ☑ 중 ☑ 하 ☐
음악	도움이 된다 ☐ 적합하지 않다 ☑
역할 연기	역할 연기에 도움 ☐

시각적 역동

II. 스펙토그램

14. 사람 모형(부록의 예 참조)

세울 수 있는 사람 모형을 다양하게 준비한다. 진행자는 스펙토그램에 쓸 모형을 선택하기에 앞서, 참여자가 충분히 만지고 놀면서 모형을 관찰할 시간을 준다.

　참여자는 특별한 상황으로 장면을 만들거나 혹은 삶에서 중요한 순간을 표현해 볼 수 있다. 예: 집을 떠나며.

　스펙토그램이 완성되면 짝을 지어 이야기를 나누고, 그 과정에서 나온 적절한 주제를 가지고 장면을 발전시켜 나갈 수 있다. 예: "엄마는 내가 집을 떠나는 것을 원치 않았어."

표			
초점	창조성 ☐ 기술 ☐ 통찰 ☑		
모둠	전체 ☑ 2 ☑ 3 ☐ 4 ☐ 5 ☐		
시간	5-10분 ☐ 10-15분 ☑ 15-20분 ☑		
불안 정도	상 ☑ 중 ☑ 하 ☐		
음악	도움이 된다 ☐ 적합하지 않다 ☑		
역할 연기	역할 연기에 도움 ☐		

시각적 역동

III. 픽토그램

15. 지도 만들기

사인펜, 크레파스, 전지를 준비한다. 참여자는 눈을 감고 자신이 살고 싶은 곳을 떠올린다. 주변에 무엇이 있는가? — 산, 바다, 집, 놀이 시설?

그런 다음, 상상한 장소를 지형지물을 표시하는 기호로 그려가면서 지도를 만든다. 예: 도시 → 7마일.

짝을 지어 혹은 모둠별로 다양한 지도를 보면서 "전경들"을 공유한다.

발전/변형

1) 지도를 모두 모아 커다란 하나의 상상 공간을 만든다.
2) 공통점이 있는 지도들끼리 한데 묶어 이상적인 공동체에 대해 이야기한다.

표	
초점	창조성 ☐ 기술 ☑ 통찰 ☑
모둠	전체 ☑ 2 ☐ 3 ☑ 4 ☑ 5 ☑
시간	5-10분 ☐ 10-15분 ☑ 15-20분 ☑
불안 정도	상 ☐ 중 ☑ 하 ☐
음악	도움이 된다 ☐ 적합하지 않다 ☑
역할 연기	역할 연기에 도움 ☐

시각적 역동

III. 픽토그램

16. 인생 행로

사인펜, 크레파스, 전지를 준비한다. 참여자는 눈을 감고 자신의 인생 행로를 상상한다. 길을 따라 얼마나 거슬러 올라갈 수 있는가? 어떤 모양인가? 굽은 길, 곧은 길 또는 매우 비탈진 길? 군데군데 위험한 곳도 있는가?

눈을 뜨고 "출발점"부터 현재까지의 길을 그리고, 그 위에 중요한 사건을 기호, 상징, 단어 등으로 표시한다. 픽토그램을 짝과 함께 공유한 후, 미래에는 어떤 길로 가고 싶은지 이야기한다.

발전/변형

1) 건강과 질병이란 주제로 삶의 여정을 그려본다.
2) 협력하여 처음부터 지금까지 집단이 걸어온 길을 그려본다.

표	
초점	창조성 ☐ 기술 ☑ 통찰 ☑
모둠	전체 ☑ 2 ☐ 3 ☐ 4 ☐ 5 ☐
시간	5-10분 ☐ 10-15분 ☑ 15-20분 ☑
불안 정도	상 ☐ 중 ☑ 하 ☑
음악	도움이 된다 ☐ 적합하지 않다 ☑
역할 연기	역할 연기에 도움 ☐

시각적 역동

III. 픽토그램

17. 집 만들기

풀, 가위, 스테이플러, 신발 상자, 끈, 색종이, 점토, 사인펜, 물감 등을 준비한다.

진행자가 상자를 준비할 수 없다면 참여자에게 과제로 내줄 수 있다.

참여자는 먼저 눈을 감고 편안한 자세로 "집"을 떠올린다. 어떤 형태의 집이 떠오르는가? 현재 살고 있는 집, 상상의 집, 옛날 집, 그림 같은 집?

다양한 이미지를 떠올리면서, 어떤 집을 만들지 결정한다.

각자 20분 동안 상상한 집을 만든다.

참여자의 나이와 특성에 따라 다양한 집들을 선보일 것이다. 집에 얽힌 이야기를 나눈다. 이 집에서는 어떤 일이 벌어졌을까? 지금 거기에 누가 살고 있는가?

표	
초점	창조성 ☐ 기술 ☐ 통찰 ☑
모둠	전체 ☑ 2 ☐ 3 ☐ 4 ☐ 5 ☐
시간	5-10분 ☐ 10-15분 ☑ 15-20분 ☑
불안 정도	상 ☐ 중 ☑ 하 ☐
음악	도움이 된다 ☐ 적합하지 않다 ☑
역할 연기	역할 연기에 도움 ☐

시각적 역동

III. 픽토그램

18. 이상적인 집과 마을

우드락, 점토, 두꺼운 종이를 준비한다. 이 활동은 큰 탁자에 둘러 앉아서 하는 것이 가장 좋다.

참여자는 재료를 가지고 오두막이든 성이든 이상적인 집을 상상해서 만든다. 시간은 15분을 넘지 않도록 한다.

작은 모형으로 만드는 것이 부담도 적고 만드는 재미도 느낄 수 있다. 집이 완성되면, 서로의 집에 대해 이야기한다. 참여자의 집들을 한데 모아서 하나의 마을을 만들 수 있다. 누가 이웃에 살며, 시내는 어딘지, 가장 친한 친구는 어디에 살며, 시장은 어디에 있을까?

표	
초점	창조성 ☐ 기술 ☑ 통찰 ☑
모둠	전체 ☑ 2 ☐ 3 ☐ 4 ☐ 5 ☐
시간	5-10분 ☐ 10-15분 ☑ 15-20분 ☑
불안 정도	상 ☐ 중 ☑ 하 ☑
음악	도움이 된다 ☐ 적합하지 않다 ☑
역할 연기	역할 연기에 도움 ☐

시각적 역동

III. 픽토그램

19. 동물의 왕국

전지가 반드시 필요한 활동이다. 종이를 큰 탁자나 바닥에 펼쳐 놓는다. 이외에도 사인펜, 물감, 동물 인형 등을 준비해 놓는다.

진행자는 모든 동물 인형을 펼쳐 놓고, 참여자들에게 빠르게 훑어보게 한 후 그중 하나만을 선택하도록 한다. 그런 다음, 한 사람씩 종이 위에 모형을 올려놓고 거기에 맞는 주변 환경을 만들도록 한다. 사람에 따라 반응이 다르게 나타난다. 모형이 놓인 주변만을 한정하여 사용하는 사람이 있는가 하면, 공간의 이곳저곳을 넓게 사용하는 사람도 있다.

한 사람씩 끝날 때마다, 참여자들은 전체적인 구도를 고려하여 길 등을 만들어 서로의 관계를 만들어 간다.

전체 그림이 완성되면, 참여자는 이것을 바탕으로 이야기를 만들거나 동물 하나를 주인공으로 내세워 사건을 꾸며볼 수도 있다.

표	
초점	창조성 ☐ 기술 ☐ 통찰 ☑
모둠	전체 ☑ 2 ☐ 3 ☐ 4 ☐ 5 ☐
시간	5-10분 ☐ 10-15분 ☑ 15-20분 ☑
불안 정도	상 ☐ 중 ☑ 하 ☑
음악	도움이 된다 ☐ 적합하지 않다 ☑
역할 연기	역할 연기에 도움 ☐

시각적 역동

III. 픽토그램

20. 콜라주

사인펜, 크레파스, 색종이, 가위, 다양한 종류의 잡지를 준비한다.

먼저, 이미지나 그림에 대한 일반적인 이야기를 나눈다. 예를 들어, 사람들은 주로 어떤 사진과 광고에 주목하는지, 어떤 것들이 우습거나 강렬하며 효과적이라고 생각하는지.

그런 다음, 참여자는 "지금 나의 삶"을 주제로 콜라주를 만든다. 어떤 그림이든 마음에 드는 재료를 원하는 크기대로 잘라 붙일 수 있다. 시간제한을 둬야 하며, 콜라주가 완성되면 참여자들은 서로의 작품을 "공유"하고 싶어 할 것이다. 다른 사람의 작품에 질문을 할 수도 있고 역할 연기로 발전시켜 나갈 수도 있다.

표	
초점	창조성 ☐ 기술 ☐ 통찰 ☑
모둠	전체 ☑ 2 ☐ 3 ☐ 4 ☐ 5 ☐
시간	5-10분 ☐ 10-15분 ☑ 15-20분 ☑
불안 정도	상 ☐ 중 ☑ 하 ☑
음악	도움이 된다 ☐ 적합하지 않다 ☑
역할 연기	역할 연기에 도움 ☐

시각적 역동

IV. 가계도

21. 맥락 안의 나의 삶

전지와 사인펜을 준비한다.

　참여자는 자기 가족 삼대의 가계도를 다음과 같이 그리는데, 특정 색을 사용하여 자신을 표현할 수 있다.

보기:　△ — 남자
　　　　○ — 여자
　　　　= — 결혼
　　　　≠ — 별거 혹은 이혼

예:

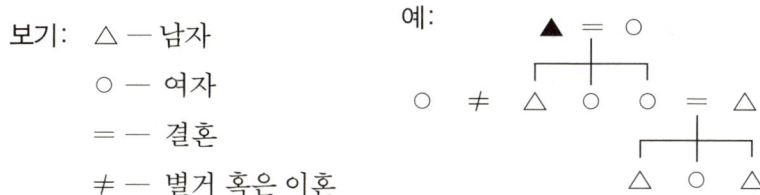

특별한 색을 사용하여 자신의 삶에서 의미 있는 사람들을 나타낼 수도 있다. 검정색은 죽은 사람을 표시하는 데 사용할 수 있다. 이 가계도를 모둠의 다른 참여자들과 "공유한다."

표	
초점	창조성 ☐ 기술 ☐ 통찰 ☑
모둠	전체 ☑ 2 ☐ 3 ☑ 4 ☑ 5 ☑
시간	5-10분 ☐ 10-15분 ☑ 15-20분 ☑
불안 정도	상 ☑ 중 ☑ 하 ☐
음악	도움이 된다 ☐ 적합하지 않다 ☑
역할 연기	역할 연기에 도움 ☐

시각적 역동

IV. 가계도

22. 나를 좋아하는 사람과 싫어하는 사람

전지와 사인펜을 준비한다. 각자 21번 활동처럼 가계도를 만든 다음, 참여자들이 실제로 기억할 수 있도록 가족 구성원을 묘사한 꼬리표를 붙인다. 예: 사랑스러운 장난꾸러기, 귀엽고 순한, 온순하고 다정한, 괴팍한.

참여자는 조심스럽게 어떤 표현이 자신을 설명한 것이고, 또 어떤 표현이 다른 사람을 표현한 것인지 생각해 본다.

짝이나 모둠과 느낌을 나누고, 가능하다면 역할 연기로 발전시킨다.

표	
초점	창조성 ☐ 기술 ☑ 통찰 ☑
모둠	전체 ☑ 2 ☐ 3 ☑ 4 ☑ 5 ☐
시간	5-10분 ☐ 10-15분 ☑ 15-20분 ☑
불안 정도	상 ☐ 중 ☑ 하 ☐
음악	도움이 된다 ☐ 적합하지 않다 ☑
역할 연기	역할 연기에 도움 ☐

시각적 역동
IV. 가계도

23. 가족사

사람 모형, 장난감, 동물 인형 등을 사용하여 삼차원의 가계도를 만든다. 이때, 가능한 한 생각나는 사람들을 모두 포함시킨다.

가계도가 완성되면 짝을 지어 그중에서 누가 자신과 닮았는지 혹은 닮지 않았는지 얘기해 본다.

주의: 예민한 참여자들은 상처를 받을 수 있다. 그러므로 진행자는 해당 집단에게 이런 활동이 적합한지 세심하게 검토한 후 실행해야 한다. "삶을 돌아보는" 이 같은 활동이 어떤 사람에게는 심각한 영향을 줄 수 있다.

표	
초점	창조성 ☐ 기술 ☐ 통찰 ☑
모둠	전체 ☑ 2 ☑ 3 ☐ 4 ☐ 5 ☐
시간	5-10분 ☐ 10-15분 ☑ 15-20분 ☑
불안 정도	상 ☐ 중 ☑ 하 ☐
음악	도움이 된다 ☐ 적합하지 않다 ☑
역할 연기	역할 연기에 도움 ☐

시각적 역동

V. 가면

24. 나의 기분

사인펜, 크레파스, 미리 준비한 가면본과 종이가 필요하다. 참여자는 가면본을 이용하여 다음과 같은 자신의 가면을 그린다.
 1. 화난 얼굴
 2. 행복한 얼굴
가면이 완성되면, 가면을 얼굴 앞에 대고 표정에 어울리는 말투로 이야기하면서 다양한 모습을 참여자들과 "공유한다." 예: "나는 화가 나면…."

발전/변형
1) 화난 가면을 들고 다른 가면들과 역할 연기를 해본다.
2) 화난 가면을 쓰고 자신을 화나게 만드는 사람에 대해 이야기한다.

* 가면본은 일반 얼굴 모형을 기본으로 하되, 그 안에 어떤 것을 그려 넣거나 눈이나 입을 뚫지 않는다. 자칫, 특정한 표정이나 이미지를 줄 수 있기 때문이다.

표	
초점	창조성 ☐ 기술 ☐ 통찰 ☑
모둠	전체 ☑ 2 ☑ 3 ☐ 4 ☐ 5 ☐
시간	5-10분 ☐ 10-15분 ☑ 15-20분 ☑
불안 정도	상 ☑ 중 ☑ 하 ☐
음악	도움이 된다 ☐ 적합하지 않다 ☑
역할 연기	역할 연기에 도움 ☑

시각적 역동

V. 가면

25. 드러내는 얼굴/감추는 얼굴

가면본, 사인펜, 크레파스, 종이를 준비한다.

눈을 감고 사람에게 "드러내는" 얼굴을 떠올린 다음 가면본에 그린다. 그것은 세상 사람들이 자기를 보는 얼굴이자 거울에 비친 모습일 것이다.

그런 다음, 같은 방식으로 사람들이 모르는 '감추어진' 얼굴을 불러내 가면본에 그린다.

참여자는 가면을 번갈아 얼굴에 대고 이야기한다.

발전/변형

짝을 지어 상대방의 가면을 사용하여 다른 사람에게 짝을 소개한다.

표	
초점	창조성 ☐ 기술 ☐ 통찰 ☑
모둠	전체 ☑ 2 ☑ 3 ☐ 4 ☐ 5 ☐
시간	5-10분 ☐ 10-15분 ☑ 15-20분 ☑
불안 정도	상 ☑ 중 ☑ 하 ☐
음악	도움이 된다 ☐ 적합하지 않다 ☑
역할 연기	역할 연기에 도움 ☑

시각적 역동

V. 가면

26. 다양한 느낌들

가면본, 사인펜, 크레파스, 종이를 준비한다.

참여자는 하루 동안 느꼈던 다양한 감정을 한 개 혹은 여러 가면에 그린다.

완성된 가면을 가지고 다른 사람들과 느낌을 공유하고, 자주 드는 감정에 대해서도 이야기해 볼 수 있다.

발전/변형

1) 과거, 현재, 미래의 느낌을 가면으로 만든다.
2) 드러내기 어려운, 내밀한 감정을 가면에 표현한다.
3) 자주 느끼고 싶은 "감정"을 가면에 그려본다.

표	
초점	창조성 ☐ 기술 ☐ 통찰 ☑
모둠	전체 ☑ 2 ☑ 3 ☐ 4 ☐ 5 ☐
시간	5-10분 ☐ 10-15분 ☑ 15-20분 ☑
불안 정도	상 ☑ 중 ☑ 하 ☐
음악	도움이 된다 ☐ 적합하지 않다 ☑
역할 연기	역할 연기에 도움 ☑

시각적 역동

V. 가면

27. 전과 후

사인펜, 크레파스, 종이, 가면본을 준비한다.

먼저 참여자는 세션을 시작할 때 각자의 느낌을 가면에 그린다. 세션 끝 무렵에 두 번째 가면을 만들어 "전과 후"의 얼굴을 비교하며 이야기한다. 이 활동은 사람들이 어떻게 달라지고, 다르게 경험할 수 있는지를 설명하는 데 효과적이다.

가면을 보관했다가 나중에 사용할 수도 있다. 같은 방식으로 대략 6주 간격으로 '전과 후'의 가면을 만들어 비교해 볼 수도 있다.

표	
초점	창조성 ☐ 기술 ☐ 통찰 ☑
모둠	전체 ☑ 2 ☐ 3 ☐ 4 ☐ 5 ☐
시간	5-10분 ☑ 10-15분 ☑ 15-20분 ☑
불안 정도	상 ☑ 중 ☑ 하 ☑
음악	도움이 된다 ☐ 적합하지 않다 ☑
역할 연기	역할 연기에 도움 ☐

시각적 역동

V. 가면

28. 일기

이 활동 역시 마무리 과정으로 사용할 수 있다. 사인펜, 크레파스, 가면본, 종이, 스테이플러, 끈 등을 준비한다.

참여자는 가면본을 여러 개 만든 다음, 공책처럼 하나로 묶는다. 예: 10주 프로그램이라면 10개의 가면을 묶는다.

세션이 끝날 때마다 그때의 느낌을 쓰거나 말하는 대신, 가면을 만들어 기록한다.

마지막 세션에는 그동안 그렸던 가면을 검토하거나, "가면의 여정"이란 주제로 다른 참여자들과 이야기를 나눠 볼 수 있다.

주의: 그것에 제목을 붙이고 표지를 만들어 색칠할 수 있다.

표	
초점	창조성 ☐ 기술 ☐ 통찰 ☑
모둠	전체 ☑ 2 ☐ 3 ☐ 4 ☐ 5 ☐
시간	5-10분 ☐ 10-15분 ☑ 15-20분 ☑
불안 정도	상 ☑ 중 ☑ 하 ☐
음악	도움이 된다 ☐ 적합하지 않다 ☑
역할 연기	역할 연기에 도움 ☐

시각적 역동

V. 가면

29. 꿈

사인펜, 크레파스, 가면본, 종이를 준비한다.

참여자는 꿈에 등장한 인물이나 좋아하는 신화 혹은 이야기 속의 인물을 가면으로 만든다. 가면을 가지고 꿈을 탐험하거나 다른 인물이 되어 본다. 이때, 다른 참여자가 꿈에 등장하는 인물이 "되어 볼" 수도 있다.

발전/변형

1) 가면을 가지고 새로운 이야기를 꾸민다. 가면만을 사용해서 이 야기를 들려주거나 다른 참여자의 가면을 인물로 등장시킬 수 도 있다.

2) 참여자 전체가 협력하여 하나의 이야기를 만들어 본다.

표	
초점	창조성 ☐ 기술 ☐ 통찰 ☑
모둠	전체 ☑ 2 ☐ 3 ☐ 4 ☐ 5 ☐
시간	5-10분 ☐ 10-15분 ☐ 15-20분 ☑
불안 정도	상 ☑ 중 ☑ 하 ☐
음악	도움이 된다 ☐ 적합하지 않다 ☑
역할 연기	역할 연기에 도움 ☐

시각적 역동
V. 가면

30. 다양한 역할들

참여자들은 가면본이나 점토, 혹은 둘 다를 이용해서 인생의 세 시점에 서 있는 자신을 가면으로 만든다. 예: 유년기, 중년기, 노년기.

이 활동은 역할 연기 전에 여러 역할들로 투사하는 방법으로 쓰일 수 있다.

이 활동을 부담스러워하지 않는 참여자들은 각 단계의 가면 뒤에서 자신에 관해 이야기하는 것을 즐거워할 것이다.

그러나 자신감이 없거나 불안해 한다면, 작은 크기의 점토 가면을 만들어 이야기함으로써 부담감을 줄일 수 있다.

표	
초점	창조성 ☐ 기술 ☐ 통찰 ☑
모둠	전체 ☑ 2 ☐ 3 ☐ 4 ☐ 5 ☐
시간	5-10분 ☐ 10-15분 ☑ 15-20분 ☑
불안 정도	상 ☑ 중 ☑ 하 ☐
음악	도움이 된다 ☐ 적합하지 않다 ☑
역할 연기	역할 연기에 도움 ☑

CREATIVE DRAMA IN GROUPWORK

마무리 단계

마무리

I. 역할 벗기

1. 역할 보내기

참여자는 역할 연기를 하고 나서, 반드시 역할 벗기 시간을 가져야 한다. 여기에는 다양한 방법이 있는데, 그중 하나가 눈을 감고 방금 전에 연기했던 인물을 마음의 눈으로 그리는 것이다. 인물은 길을 걸어 내려가 모퉁이로 사라지기 전에 손을 흔들도록 시각화한다.

그리고 나서 눈을 뜨고 그 역할을 연기할 때 어떤 느낌이었는지 서로 이야기한다. 만약 그 역할이 "여전히" 남아 있다면 다 같이 그것에 대해 이야기해 보고, 그 인물이나 상황에서 어떤 면을 기억하거나 지워야 할지, 그리고 무엇을 받아들일지 결정한다.

표	
초점	창조성 ☑ 기술 ☐ 통찰 ☑
모둠	전체 ☑ 2 ☐ 3 ☐ 4 ☐ 5 ☐
시간	5-10분 ☐ 10-15분 ☑ 15-20분 ☐
불안 정도	상 ☐ 중 ☑ 하 ☑
음악	도움이 된다 ☐ 적합하지 않다 ☑
역할 연기	역할 연기에 도움 ☑

마무리

I. 역할 벗기

2. 가족 역할

참여자 중 한 사람이 주인공이 되어 그 가족을 다른 참여자들과 함께 역할 연기했다면, 이제 주인공은 진행자의 지시에 따라 "분신 기법doubling"을 통하여 다른 참여자들이 역할에서 빠져 나올 수 있도록 돕는다. 분신 기법은 말 그대로 다른 사람을 대신하여 말하는 것이다. 예: 나는 더 이상 (이런) 마리아 엄마가 아니라 (… 이런) 선희입니다.

그러면 선희는 주인공이 자신에 대해 한 말을 반복하고, 마리아의 엄마 역할을 하면서 어떤 느낌이었는지 이야기한다.

발전/변형

역할 연기를 했던 참여자는 자신과 인물 간의 닮은 점과 다른 점을 이야기해 볼 수 있다.

표	
초점	창조성 □ 기술 □ 통찰 ☑
모둠	전체 ☑ 2 □ 3 □ 4 □ 5 □
시간	5-10분 ☑ 10-15분 □ 15-20분 □
불안 정도	상 ☑ 중 ☑ 하 □
음악	도움이 된다 □ 적합하지 않다 ☑
역할 연기	역할 연기에 도움 □

마무리

I. 역할 벗기

3. 비언어: 움직임

역할 연기를 마치면, 진행자는 모두에게 눈을 감고 자신이 연기한 인물을 그려보라고 한다. 참여자는 인물의 움직임을 시각화하면서, 특유의 동작이나 버릇을 과장하기 시작한다. 그런 다음 서서히 자기 스타일로 움직임을 바꿔 가는데, 처음엔 과장되게 움직이다가 점차 일상의 움직임으로 완전히 바꾼다.

"자신으로" 얼마간 방을 걸어 다니다가 그 자리에 멈춰 선다.

표	
초점	창조성 ☑ 기술 ☐ 통찰 ☑
모둠	전체 ☑ 2 ☐ 3 ☐ 4 ☐ 5 ☐
시간	5-10분 ☐ 10-15분 ☑ 15-20분 ☐
불안 정도	상 ☐ 중 ☐ 하 ☑
음악	도움이 된다 ☑ 적합하지 않다 ☐
역할 연기	역할 연기에 도움 ☐

마무리

I. 역할 벗기

4. 비언어: 의자

의자 하나를 앞에 놓고 그 의자에 자신이 연기했던 인물을 "앉힌"
다음, 상상으로 거기 앉은 인물을 본다. 어떤 옷을 입었나? 무슨 색
인가? 스타일은? 몇 분 동안 그 사람을 눈앞에 그리다 보면, 현실로
돌아오는 자신을 느낄 수 있다.

　　자신으로 돌아오면 의자에서 멀리 떨어진다.

표	
초점	창조성 ☐ 기술 ☑ 통찰 ☑
모둠	전체 ☑ 2 ☐ 3 ☐ 4 ☐ 5 ☐
시간	5-10분 ☑ 10-15분 ☐ 15-20분 ☐
불안 정도	상 ☐ 중 ☑ 하 ☑
음악	도움이 된다 ☐ 적합하지 않다 ☑
역할 연기	역할 연기에 도움 ☐

마무리

II. 이완

5. 위안의 공간

간단한 활동이지만, 효과는 아주 크다. 참여자는 짝을 지어 등을 맞대고 앉아 무릎을 세우고 편안히 얼굴을 그 안에 묻는다. 진행자는 역할 연기했던 장면과는 달리 긴장을 풀 수 있는 상상의 공간으로 안내한다. 태양, 모래, 잔잔한 파도 등은 오랫동안 이완의 예로 쓰여 왔다.

주의: 만약 상상의 공간이 역할 연기했던 장면 분위기와 너무 차이가 나면, 장소를 점진적으로 이동시켜 간다. 짧은 이완을 한 후, 위안을 준 그 장면은 "남겨두고" 지금 여기로 다시 돌아오게 한다.

표	
초점	창조성 ☑ 기술 ☑ 통찰 ☑
모둠	전체 ☑ 2 ☑ 3 ☐ 4 ☐ 5 ☐
시간	5-10분 ☐ 10-15분 ☐ 15-20분 ☑
불안 정도	상 ☐ 중 ☐ 하 ☑
음악	도움이 된다 ☑ 적합하지 않다 ☐
역할 연기	역할 연기에 도움 ☐

마무리

II. 이완

6. 피날레

참여자는 짝을 지어 등을 맞대고 앉아서 눈을 감고 극장에 있다고 상상한다. 그리고 객석에 앉아 자신이 참여한 연극을 본다고 상상한다. 공연은 아직 끝나지 않았고 잠시 중단되었을 뿐이다. 공연의 마지막 장면이 정지 화면으로 떠오르면서 서서히 막이 내리는 광경을 그린다. 차츰 조명이 다시 밝아지면서 참여자는 지금 여기로 돌아와 있는 자신을 발견한다.

눈을 뜨고 기지개를 켜면서 마무리한다.

표	
초점	창조성 ☑ 기술 ☐ 통찰 ☑
모둠	전체 ☑ 2 ☐ 3 ☐ 4 ☐ 5 ☐
시간	5-10분 ☑ 10-15분 ☐ 15-20분 ☐
불안 정도	상 ☐ 중 ☐ 하 ☑
음악	도움이 된다 ☐ 적합하지 않다 ☑
역할 연기	역할 연기에 도움 ☐

마무리

II. 이완

7. 초

참여자는 마음을 가다듬고 바로 서서 편안히 눈을 감는다. 그리고 자신을 빛을 내며 타고 있는 초라고 상상한다. 초가 녹으면서 몸이 서서히 바닥으로 가라앉는다. 이 활동의 목표는 결국 바닥에 완전히 이완된 자세로 눕는 것이지만, 사람들의 머릿속에는 여전히 촛불이 살아 있다고 느끼는 것이다. 마지막에는 기지개를 켜며 눈을 뜬 다음, 일어나 앉는다.

주의: 진행자가 과정을 차근차근 말로 이끄는 것이 도움이 된다.

표	
초점	창조성 ☑ 기술 ☑ 통찰 ☑
모둠	전체 ☑ 2 ☐ 3 ☐ 4 ☐ 5 ☐
시간	5-10분 ☐ 10-15분 ☑ 15-20분 ☐
불안 정도	상 ☐ 중 ☑ 하 ☑
음악	도움이 된다 ☐ 적합하지 않다 ☑
역할 연기	역할 연기에 도움 ☐

마무리

II. 이완

8. 다시 보기

참여자는 바닥에 가장 편안한 자세로 누워 몸을 쭉 펴서 최대한 늘인다. 다시 편안한 자세로 돌아와 특히 목 뒤, 척추, 가슴 등에 집중하면서 그 부위의 긴장을 푼다.

진행자의 지시에 따라 머릿속에 세션 전체를 떠올리면서, 일어났던 일을 비디오를 보듯이 하나하나 되돌려본다. 충분히 이해되지 않는 순간이나 사건을 놓치지 않도록 주의하되, "비디오"를 멈추지 않고 끝까지 본 후 스위치를 끈다.

그 다음에는 잠에서 깨어나 기지개를 하고, 하품하고, 일어나 앉는 것까지를 자유롭게 상상한다.

표	
초점	창조성 ☑ 기술 ☐ 통찰 ☑
모둠	전체 ☑ 2 ☐ 3 ☐ 4 ☐ 5 ☐
시간	5-10분 ☑ 10-15분 ☐ 15-20분 ☐
불안 정도	상 ☐ 중 ☐ 하 ☑
음악	도움이 된다 ☐ 적합하지 않다 ☑
역할 연기	역할 연기에 도움 ☐

마무리

III. 초점 부여하기

9. 통합

다 함께 손을 잡고 원 모양으로 선다. 참여자는 눈을 감고서 모임
에 왔을 때 어떤 느낌이었는지를 돌이켜본다.

그리고 해당 세션에서 좋았던 점과 싫었던 점, 혼란스러웠던
점, 얻고자 했던 점, 그리고 생각할 것 등을 마음속으로 찾는다. 적
어도 한 가지 이상 가져갈 중요한 것이 있을 것이다.

각자 자신의 생각을 지금 여기(마무리 단계)로 가져온 다음 눈
을 뜨고 둘러선 사람들을 본다.

표	
초점	창조성 ☐ 기술 ☐ 통찰 ☑
모둠	전체 ☑ 2 ☐ 3 ☐ 4 ☐ 5 ☐
시간	5-10분 ☐ 10-15분 ☑ 15-20분 ☐
불안 정도	상 ☑ 중 ☑ 하 ☐
음악	도움이 된다 ☐ 적합하지 않다 ☑
역할 연기	역할 연기에 도움 ☐

마무리

III. 초점 부여하기

10. 집단 받아들이기

손을 잡고 원 모양으로 서서 재빨리 누가 있는지를 보고 눈을 감는다.

각자 머릿속으로 참여자를 한 명씩 그린다. 어디 서 있는지, 무슨 옷을 입었는지, 누가 누구 옆에 있는지, 내 옆에는 누가 있는지.

말없이, 조용히, 참여자들은 눈을 떠서 자신이 얼마나 정확히 기억하는지를 확인한다.

이 활동의 목표는 참여자가 방안의 모든 참여자를 "보고" 인정하는 것이다.

표	
초점	창조성 ☑ 기술 ☐ 통찰 ☑
모둠	전체 ☑ 2 ☐ 3 ☐ 4 ☐ 5 ☐
시간	5-10분 ☑ 10-15분 ☐ 15-20분 ☐
불안 정도	상 ☐ 중 ☐ 하 ☑
음악	도움이 된다 ☐ 적합하지 않다 ☑
역할 연기	역할 연기에 도움 ☐

마무리

III. 초점 부여하기

11. 내가 가져가는 것

다 함께 손을 잡고 원 모양으로 서서 눈을 감는다.

이 활동의 목표는 세션 안에서 일어났던 모든 일들을 개별적으로 돌이켜보고 이를 통해 얻게 된 특별한 것 하나를 선택하는 것이다. 다시 말해 개인이 중요하다고 느끼고 생각해 볼 만한 것이라 여기는 어떤 것을 찾아내는 것이다.

참여자들은 그런 다음 눈을 뜨고 자신이 선택한 것을 말한다. 예: "전에는 몰랐는데, 내게 용기가 있다는 사실을 알았습니다."

표	
초점	창조성 ☐ 기술 ☐ 통찰 ☑
모둠	전체 ☑ 2 ☐ 3 ☐ 4 ☐ 5 ☐
시간	5-10분 ☑ 10-15분 ☐ 15-20분 ☐
불안 정도	상 ☐ 중 ☑ 하 ☐
음악	도움이 된다 ☐ 적합하지 않다 ☑
역할 연기	역할 연기에 도움 ☐

마무리

IV. 피드백

12. 형식을 갖추어

진행자는 세션을 시작할 때 기분이 어떠했는지 "한마디씩" 해보라
는 식으로 피드백을 얻을 수 있다.

주의: 참여자들은 현재 어떤 느낌인가? 어떤 사람은 말을 별로 하
고 싶어 하지 않을 수도 있으며, 또 구체적이지 않은 말이 나올 수
도 있다. 하지만 진행자와 참여자들 모두 이러한 반응을 분석하려
고 해서는 안 된다.

진행자 역시 전체 집단에게 피드백을 줄 수 있는데, 단 절대 판
단을 내려서는 안 된다. 참여자들이 경험한 것들 사이의 차이점과
공통점에 주목할 수는 있지만 평가는 하지 않는다.

표	
초점	창조성 ☐ 기술 ☑ 통찰 ☑
모둠	전체 ☑ 2 ☐ 3 ☐ 4 ☐ 5 ☐
시간	5-10분 ☐ 10-15분 ☑ 15-20분 ☐
불안 정도	상 ☐ 중 ☐ 하 ☑
음악	도움이 된다 ☐ 적합하지 않다 ☑
역할 연기	역할 연기에 도움 ☐

마무리

IV. 피드백

13. 형식 없이

전체가 형식에 구애받지 않고 자유롭게 피드백을 하는 것이 더 적합하다고 판단할 수 있다. 그런 경우, 진행자는 말을 많이 하는 한두 명에 의해 분위기가 좌우되지 않도록 신경 써야 한다.

　그 함정을 피할 수 있다면, 세션의 마지막 1/4의 시간은 참여자 스스로 원하는 바를 "1인칭"을 써서 직접 말할 수 있는 매우 풍요로운 시간이 될 것이다. 이때는 질문이 아닌 자신의 말만을 해야 하며, 진행자는 참여자가 깊이 생각할 수 있는 분위기로 이끌어야 한다.

　이 활동의 목적은 각 개인이 집단 안에서 어떻게 상호 작용하고 느끼고 행동했는지 찬찬히 돌아봄으로써 중요하다고 느껴지는 것이나 명확하지 않은 것들을 발견하는 것이다.

주의: 진행자는 다른 사람들이 얻은 것을 하찮은 것이라고 생각하는 사람들을 경계해야 한다.

표	
초점	창조성 ☑ 기술 ☑ 통찰 ☑
모둠	전체 ☑　2 ☐　3 ☐　4 ☐　5 ☐
시간	5-10분 ☐　10-15분 ☑　15-20분 ☑
불안 정도	상 ☐　중 ☑　하 ☑
음악	도움이 된다 ☐　적합하지 않다 ☑
역할 연기	역할 연기에 도움 ☐

마무리

IV. 피드백

14. 상징

카드와 사인펜을 준비한다. 모두 원 모양으로 앉는다.

진행자는 먼저 발달 단계에서 마무리 단계로 넘어가기 전에 짧게 하고 싶은 말이 있는지 확인한 후, 참여자들에게 자기 오른쪽에 앉은 사람을 바라보라고 한다.

그리고 "그 사람의 여정에 도움이 될 만한" 어떤 선물을 상상하게 한다.

선물은 꽃이나 강아지처럼 특별한 대상일 수 있고, 강인함 같은 추상적인 것일 수도 있다.

선물을 카드에 적어서(가능하면 그림을 덧붙여서) 옆 사람에게 동시에 건넨다.

표	
초점	창조성 ☐ 기술 ☐ 통찰 ☑
모둠	전체 ☑ 2 ☐ 3 ☐ 4 ☐ 5 ☐
시간	5-10분 ☑ 10-15분 ☐ 15-20분 ☐
불안 정도	상 ☐ 중 ☐ 하 ☑
음악	도움이 된다 ☐ 적합하지 않다 ☑
역할 연기	역할 연기에 도움 ☐

마무리

V. 움직임

15. 원

먼저 진행자가 동료들과 시범을 보이는 것이 좋다. 이 활동은 단계별로 동작을 만든 다음 하나로 합쳐서 큰 흐름의 춤 동작을 완성하는 것이다.

참여자는 가슴을 펴고 팔을 벌려 손가락 끝까지 쭉 뻗은 채로 방을 돌아다닌다.

그런 다음 둘이나 셋씩 원을 만들어 팔을 벌린 채로 앞사람을 따라 다닌다. 어느 정도 시간이 지나면, 방향을 바꾸어 반대로 돈다. 그러고 나서는 얼굴이 보이도록 원 안을 향해 선 다음 서로 손을 잡고 돌다가 또 방향을 바꾼다.

마지막으로 각자 흩어져 방을 돌다가 나중에는 전체가 하나의 큰 원이 되어 팔을 벌리고 돈다.

진행자는 원의 크기와 움직임의 형태를 정할 수 있다.

표	
초점	창조성 ☑ 기술 ☑ 통찰 ☑
모둠	전체 ☑ 2 ☐ 3 ☑ 4 ☑ 5 ☐
시간	5-10분 ☑ 10-15분 ☐ 15-20분 ☐
불안 정도	상 ☐ 중 ☐ 하 ☑
음악	도움이 된다 ☑ 적합하지 않다 ☐
역할 연기	역할 연기에 도움 ☐

마무리

V. 움직임

16. 즉흥

참여자는 각자 원하는 자리에서 눈을 감고 현재 자신의 감정에 집중한다.

그런 다음 눈을 뜨고 음악에 맞춰 움직이면서 여전히 남아 있는 감정을 말이 아닌 움직임으로 표현한다.

처음에는 움직임이 다소 과장되더라도 점차 정제되고 부드러워져서 좀 더 편안한 상태로 끝나게 된다.

주의: 진행자는 참여자들이 일상적인 리듬으로 돌아와 마칠 수 있도록 충분한 시간을 주어야 한다.

표	
초점	창조성 ☑ 기술 ☑ 통찰 ☑
모둠	전체 ☑ 2 ☐ 3 ☐ 4 ☐ 5 ☐
시간	5-10분 ☑ 10-15분 ☐ 15-20분 ☐
불안 정도	상 ☐ 중 ☐ 하 ☑
음악	도움이 된다 ☑ 적합하지 않다 ☐
역할 연기	역할 연기에 도움 ☐

마무리

V. 움직임

17. 긴장에서 이완으로

다 함께 원 모양으로 서서 눈을 감는다.

진행자는 참여자가 긴장과 이완을 차례로 경험할 수 있도록 움직임을 지시한다. 예: 무릎을 긴장시키고⋯ 이제 힘을 빼세요.

몸의 윗부분에서 시작해서 발에 이르도록 체계적인 지시를 내린다.

목 뒤, 척추 아래, 딱딱한 어깨, 긴장된 손마디, 찌푸린 미간 등 긴장이 잘되는 특정 부위를 점검한다.

그런 다음 기지개를 켜고 크게 하품을 한 후, 눈을 뜨는 것으로 마무리한다. 진행자는 참여자가 일상으로 돌아갈 준비가 되었는지 확인한다.

표	
초점	창조성 ☑ 기술 ☐ 통찰 ☑
모둠	전체 ☑ 2 ☐ 3 ☐ 4 ☐ 5 ☐
시간	5-10분 ☑ 10-15분 ☑ 15-20분 ☐
불안 정도	상 ☐ 중 ☐ 하 ☑
음악	도움이 된다 ☑ 적합하지 않다 ☐
역할 연기	역할 연기에 도움 ☐

마무리

V. 움직임

18. 마사지

진행자는 활동을 소개하기에 앞서, 참여자들이 신체 접촉을 불편해 하는지 확인한다.

참여자는 짝 뒤에 서서 엄지손가락으로 앞사람의 어깨와 뒷목을 풀어 준다. 손바닥 아래 부분을 이용해 등뼈를 따라 작은 원을 그리며 내려오면서 등을 마사지한다.

장난으로 흐르지 않고 진지하게 진행되면, 짝의 다리 뒤쪽까지 두 손을 모아 두드려 주게 한다.

역할을 바꾸어 짝이 "이완될" 수 있도록 마사지한다.

표	
초점	창조성 ☑ 기술 ☐ 통찰 ☑
모둠	전체 ☑ 2 ☑ 3 ☐ 4 ☐ 5 ☐
시간	5-10분 ☑ 10-15분 ☐ 15-20분 ☐
불안 정도	상 ☐ 중 ☑ 하 ☑
음악	도움이 된다 ☐ 적합하지 않다 ☑
역할 연기	역할 연기에 도움 ☐

V. 움직임

19. 게임

다 같이 원 모양으로 모여 손을 뻗지 않고도 옆 사람의 목을 마사지해 줄 수 있을 정도로 붙어 선다. 자신의 오른쪽 사람의 목을 주물러 주고 다리를 두드려 주고, 옷 위로 뜨거운 입김도 불고, 엉덩이도 때려 주면서 마사지한다. 그리고 뒷사람의 무릎에 앉는다.

그런 다음 다 같이 일어나서 뒤로 돌아 다른 사람을 마사지하고 무릎에 앉는다.

이 게임에서는 보통 웃음과 더불어 긴장 완화와 신체 이완이 함께 일어난다.

표	
초점	창조성 ☑ 기술 ☑ 통찰 ☐
모둠	전체 ☑ 2 ☐ 3 ☐ 4 ☐ 5 ☐
시간	5-10분 ☑ 10-15분 ☐ 15-20분 ☐
불안 정도	상 ☐ 중 ☑ 하 ☑
음악	도움이 된다 ☐ 적합하지 않다 ☑
역할 연기	역할 연기에 도움 ☐

마무리

VI. 일기

20. 감정

사인펜, 종이 혹은 일기장이 필요하다. 이 활동은 반드시 시간제한을 두어야 한다.

참여자는 세션을 마칠 즈음에 어떤 느낌이 드는지 5분 동안 자유롭게 적도록 한다. 이 "일기"는 다른 사람이나 진행자에게 보여주는 것이 아니라 온전히 개인적인 것이다.

만약 무슨 말을 해야 할지 모르겠다는 사람이 있으면, 그 "꽉막힌" 감정에 대해 조금이라도 적도록 격려한다.

표	
초점	창조성 ☑ 기술 ☐ 통찰 ☑
모둠	전체 ☑ 2 ☐ 3 ☐ 4 ☐ 5 ☐
시간	5-10분 ☑ 10-15분 ☐ 15-20분 ☐
불안 정도	상 ☐ 중 ☐ 하 ☑
음악	도움이 된다 ☐ 적합하지 않다 ☑
역할 연기	역할 연기에 도움 ☐

마무리

VI. 일기

21. 중요한 사람들

사인펜, 종이 혹은 일기장을 준비한다.

참여자는 현재 자기 삶에 가장 중요한 사람을 떠올린 다음, 그 사람이 이 집단을 지켜보고 있다고 상상한다. 그리고 5분 동안 그 사람의 입장이 되어 글을 쓴다.

마지막으로 각자 자신은 누구를 선택했으며, 왜 그가 중요한지 전체에게 말한다. 하지만 글의 내용은 비밀로 남겨두고 읽지 않는다.

표	
초점	창조성 ☐ 기술 ☐ 통찰 ☑
모둠	전체 ☑ 2 ☐ 3 ☐ 4 ☐ 5 ☐
시간	5-10분 ☑ 10-15분 ☐ 15-20분 ☐
불안 정도	상 ☑ 중 ☑ 하 ☐
음악	도움이 된다 ☐ 적합하지 않다 ☑
역할 연기	역할 연기에 도움 ☐

마무리
VI. 일기

22. 비밀 편지

사인펜과 종이를 준비한다.

참여자는 각자 현재의 삶에서 중요한 사람을 떠올린다. 사람에 따라서는 관계된 특별한 뭔가를 나누고 싶어 할 수도 있다.

그리고 그 사람에게 집단에 참여하면서 무엇을 했는지, 어떤 느낌이었는지를 편지로 쓰게 한다.

마지막으로 다 함께 중요한 사람이 누구였으며, 왜 그가 중요한지, 그리고 편지를 쓰면서 어떤 느낌이 들었는지 이야기한다. 그러나 편지는 읽지 않는다.

표	
초점	창조성 ☐ 기술 ☑ 통찰 ☑
모둠	전체 ☑ 2 ☐ 3 ☐ 4 ☐ 5 ☐
시간	5-10분 ☑ 10-15분 ☐ 15-20분 ☐
불안 정도	상 ☐ 중 ☑ 하 ☑
음악	도움이 된다 ☐ 적합하지 않다 ☑
역할 연기	역할 연기에 도움 ☐

마무리

VII. 의식

23. 진행자의 지시에 따라

이 활동은 진행자가 먼저 해보는 것이 좋다. 동작이나 소리, 특정 노래나 춤을 가지고 어떤 종류의 마무리 의식을 만들지 반드시 생각해야 한다. 새로운 것이 좋지만, 참여자가 쉽게 익히고 기억할 수 있도록 이미 알고 있는 리듬과 노래, 동작을 엮을 수도 있다.

마무리는 차분하게 진행한다. 참여자의 연령과 특성도 염두에 두어야 하는데, 어린아이의 경우에는 손뼉을 치며 노래 부르는 것을 좋아하고, 노인층은 전통 가요를 좋아한다. 가능한 한 동작과 소리를 함께 사용하고, 필요하다면 악기를 쓸 수도 있다.

표	
초점	창조성 ☑ 기술 ☐ 통찰 ☑
모둠	전체 ☑ 2 ☐ 3 ☐ 4 ☐ 5 ☐
시간	5-10분 ☐ 10-15분 ☑ 15-20분 ☐
불안 정도	상 ☐ 중 ☐ 하 ☑
음악	도움이 된다 ☑ 적합하지 않다 ☐
역할 연기	역할 연기에 도움 ☐

마무리

VII. 의식

24. 참여자들이 만드는

이 활동은 정기적으로 만나 온 집단에게 적합하다. 여러 경험을 공유한 참여자들이 세션을 마무리하는 방법을 찾도록 하는 것이 이 활동의 목표이다.

　진행자는 참여자들에게 어떤 방법으로 마무리하는 것이 좋을지 묻는다. 이전에 했던 것들 중에서, 예를 들어 움직임 활동을 한 가지 택하여 발전시킬 수도 있다.

　만약 음악이 필요하다면, 어떤 음악이 해당 의식에 적합할지 생각해 보아야 한다. 세션 중에 사용했던 음악이나 리듬일 수도 있고, 전혀 다른 데서 가져온 것일 수도 있다.

주의: 진행자는 참여자들이 제시한 모든 의견과 생각을 합리적으로 운영하여 의견 일치를 볼 수 있도록 격려한다.

표	
초점	창조성 ☑ 기술 ☐ 통찰 ☑
모둠	전체 ☑ 2 ☐ 3 ☐ 4 ☐ 5 ☐
시간	5-10분 ☐ 10-15분 ☑ 15-20분 ☐
불안 정도	상 ☐ 중 ☑ 하 ☑
음악	도움이 된다 ☑ 적합하지 않다 ☐
역할 연기	역할 연기에 도움 ☐

마무리

VII. 의식

25. 집단 움직임

먼저 친숙하고 리드미컬한 음악을 고른다. 전체가 그 리듬에 맞춰 손뼉을 치면서 음악을 익힌다.

음악의 첫 소절만 따로 떼어 리듬을 네 차례 반복한다. 이때 진행자가 음악에 어울리는 동작을 보여 주면, 나머지 사람들은 그것을 똑같이 따라한다.

그런 다음, 참여자들 각자가 같은 리듬에 맞추어 전체가 따라할 수 있는 간단한 동작을 만든다. 새로운 동작을 정확히 따라할 수 있도록 반복하면서 각각의 동작들을 덧붙여 하나의 긴 연결 동작을 만든다.

주의: 동작은 참여자의 능력에 따라 '손바닥을 위아래로 한 번씩 느리게 마주친 다음 가슴 앞에서 빠르게 세 번 치기' 등과 같이 아주 간단한 것일 수도 있고 춤 동작처럼 복잡한 것일 수도 있다. 모든 가능성에 열려 있으므로 다양한 시도가 가능하다.

이 활동은 집단 고유의 동작이므로 매 세션마다 마지막에 반복해서 사용할 수 있다.

표	
초점	창조성 ☑ 기술 ☑ 통찰 ☐
모둠	전체 ☑ 2 ☐ 3 ☐ 4 ☐ 5 ☐
시간	5-10분 ☐ 10-15분 ☐ 15-20분 ☑
불안 정도	상 ☐ 중 ☐ 하 ☑
음악	도움이 된다 ☑ 적합하지 않다 ☐
역할 연기	역할 연기에 도움 ☐

부록

지금의 나의 가족

1. "지금의 나의 가족"
   183쪽 활동의 예 (II. 스펙토그램, 13번 동물 모형 편)

2. "아빠는 술만 마시면 날 때리곤 했어요."

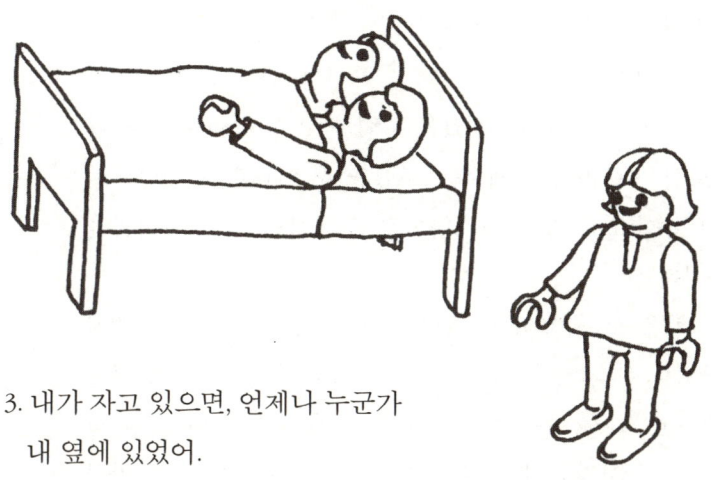

3. 내가 자고 있으면, 언제나 누군가
   내 옆에 있었어.

위의 2와 3번은 시각적 역동 중 II. 스펙토그램 14번 사람 모형 편 (184쪽
참조)의 예이다.

옮긴이의 글

"연극치료"라는 단어조차 생소했던 1990년대 말, 보알Augusto Boal
은 우리(당시 "억압받는 사람들의 연극공간-해"의 단원들을 칭함)에
게 제4의 벽을 허물고 관객을 주인으로 바로 세우도록 하더니, 이
내 인간 내면 탐험을 속삭였습니다.

　체험을 통해 연극의 치유적인 힘을 확신하면서도 "연극치료"
라는 단어로 안착시키지 못하고 있을 무렵, 영미를 중심으로 한 다
양한 관련 소식은 우리를 크게 위로하였을 뿐 아니라 천군만마를
얻은 듯한 든든함으로 다음으로 나아갈 구체적인 계획과 희망을
안겨주었습니다.

　이 책을 처음 만난 2001년 4월을 기억합니다. 연구실에 쪽지
하나가 배달되어 옵니다. "주문 도서 도착. 찾아가기 바람." 연구실
에서 도서관으로, 다시 연구실로 향하는 제 마음은 밀레니엄을 앞
둔 시대에 부모님 시절에나 나눴을 촌스러운(?) 사랑을 하고 있었
습니다. 한 장 한 장 구겨질세라 조심스럽게 넘겨 보던 중, 다음의
글귀가 눈에 들어옵니다. "철저한 탐구 없이 새로운 개념이나 활동
을 집단에게 절대 선보이지 말라. 언제나 자신이나 동료에게 먼저

사용해 본다."

초벌 번역을 마친 우리는 2002년 2월, "화요일에 만나요"라는 모임을 통해 6개월간, 이 책2부에 실린 다양한 활동들을 체험해 갑니다(함께하신 분들은 별도의 공간에서 소개하도록 하겠습니다). 그 결과 『크리에이티브 드라마』는 한국 정서에 맞는 생생한 현장 언어로 거듭 날 수 있었습니다.

이 책은 분량에 비해 참 많은 것을 담고 있습니다. 작업이 쌓여 가는 만큼, 한 줄 한 줄에 얼마나 묵직한, 간과할 수 없는 값진 조언들로 채워져 있는지를 알게 되실 겁니다. 명확한 초점 세우기는 물론 오해하기 쉬운 카타르시스의 용어 풀이까지 굵직하고 세부적인 문제들을 알차게 다루고 있습니다(실제 적용 사례는 울력에서 출판 예정인 『가족, 집단, 그리고 개인을 위한 연극치료』(가제)를 참조하시면 도움이 되실 겁니다).

그러나 수 제닝스도 지적한 바 있듯이, 이 책은 규칙rule이 아닌 도구tool로 쓰여지길 원합니다. 지도가 아닌 나침반 정도로 봐 주십시오.

보물섬을 찾는 분들께 꽤 괜찮은 도구를 소개해 드릴 기회를 얻게 되어 기쁩니다.

지금도 힘찬 항해를 하고 계실 "화.만.나" 식구들과 내담자분들. 그리고 6년이란 짧지 않을 시간을 함께한 울력의 강동호 사장님, 끝으로 처음부터 지금까지 모든 것을 주관하고 계신 하나님께 감사의 마음을 전합니다.

옮긴이를 대표하여 이귀연

옮긴이 소개

모미나. 동국대 대학원 연극학과를 졸업하였고, 현재 〈억압받는 사람들의 연극공간-해〉의 워크숍 연출자이며, 경기대에 출강하고 있다.

서민정. 동국대 대학원 연극학과를 졸업하였고, 현재 영국 올네이션스 신학대학(All Nations Christian College)에서 선교신학 학부 과정을 밟고 있다.

심숙경. 연세대 연합신학대학원 기독교교육학과를 졸업하였고, 현재 미국에 거주하고 있다.

이귀연. 동국대 대학원 연극학과와 인도 까이발리아다마(Kaivalyadhamma) 요가대학을 졸업하였다. 현재 영국 All souls에서 바이블 리더로 활동하고 있다.

이지은. 동국대 대학원 연극학과를 졸업하였고, 현재 런던 골드스미스 대학(Goldsmiths college) 공연학 석사 과정

이효원. 동국대 대학원 연극학과를 졸업하였고, 현재 숙명여대 연극치료사 양성과정 강사이며, 울력연극치료총서를 기획하고 있다.

이 책 2부의 활동을 함께하며 도움을 준 "화요일에 만나요" 회원들의 이름은 다음과 같습니다.
　　권오현, 김민규, 김영광, 박수진, 박종우,
　　신정식, 엄문용, 윤영미, 이은경, 정수지.
이분들의 노고에 감사의 마음을 전합니다.